ILLUSTRIERTES LEXIKON DER ZIMMER-PFLANZEN

ILLUSTRIERTES LEXIKON DER ZIMMERPFLANZEN

Text von Anna Skalická
Fotografien von Rudolf Šubík

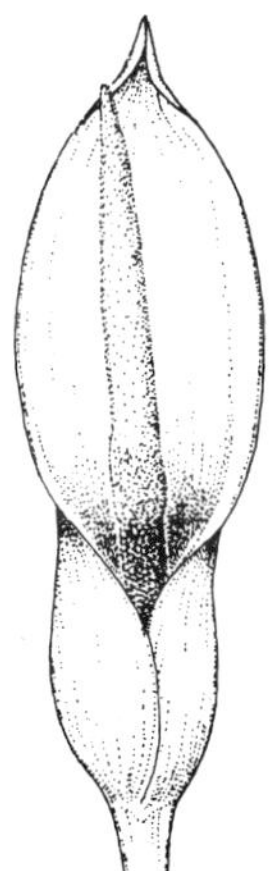

KARL MÜLLER VERLAG

Zwischen den grünen Blättern der Vertreter der Gattungen *Ficus*, *Kentia*, *Dracaena* und *Cissus* nehmen sich die farbigen Cinerarienkörbchen und Primelblüten hübsch aus.

S. 2:
Heliconia caribae, *Strelitziaceae*, eine den Bananen verwandte Art mit auffälligen roten Deckblättern im Blütenstand.

ILLUSTRIERTES LEXIKON DER ZIMMERPFLANZEN

Text: Dr. Anna Skalická
Fotos: Rudolf Šubík
Illustrationen: Jan Mašek
Graphische Gestaltung: Karel Drchal
Umschlaggestaltung: Andreas Dorn

Übertragung aus dem Tschechischen: Dr. Lieselotte Teltscherová
Lektorat: Stefanie Menzel

ISBN 3-86070-589-X

2 3 4 5 01 00 99

Printed in the Czech Republic
3/23/04/52-02

INHALT

Das Alpenveilchen ist wegen seiner lange haltbaren Blüten sehr beliebt.

EINLEITUNG

Die Zierpflanzen sind heute nicht mehr nur schmückendes Beiwerk in unseren Wohnungen, sondern bilden vielmehr ihren festen Bestandteil. Sie bringen ein Stück Natur ins Haus, von der besonders der Stadtmensch meist weit getrennt ist. Er schmückt seine vier Wände mit seinem Geschmack entsprechenden Pflanzen, die er pflegt, und erfreut sich an ihren Blüten und Früchten. So erfüllt die Pflanze ihre ästhetische Aufgabe, die für viele Menschen entscheidend ist. Wichtig sind jedoch auch ihre weiteren Funktionen. Sie produziert Sauerstoff, der für das Leben unerläßlich ist. Daneben scheiden viele Pflanzen Stoffe aus, die eine Wirkung auf verschiedene Mikroorganismen ausüben und so die hygienischen Verhältnisse in den Wohnungen verbessern. Durch die Produktion von Aromastoffen und ätherischen Ölen können sich Pflanzen günstig auf die Atemwege des Menschen auswirken. Bekannt ist die wohltuende Wirkung verschiedener Eukalyptusarten, die in der Wohnung gezogen werden, so die von *E. globulus*.

Das Kultivieren von Zierpflanzen in Innenräumen hat eine lange Geschichte. Es gibt Beweise dafür, daß die Blumen bereits bei den Bewohnern Mesopotamiens, den Hethitern, Assyrern und Babyloniern, nicht nur Heil- und Kultzwecken dienten, sondern auch eine ästhetische Funktion erfüllten. Vom Blumenkult in Ägypten zeugen die Malereien an Säulen und Wänden sowie die Pflanzenreste, die in den Gräbern gefunden wurden. Die Blumen begleiteten den Menschen ins Grab, um ihn auch im Jenseits noch zu erfreuen. Den Göttern wurden nicht nur Tieropfer dargebracht, sondern es wurden auch verschiedene Zierpflanzen verbrannt, vor allem wohlriechende Gehölze.

In Japan und China werden Blumen bis auf den heutigen Tag geradezu verehrt. Bonsais, die zu den kaiserlichen Geschenken gehörten, werden von einer Generation zur anderen übergeben. Die südamerikanischen Pyramiden legen Zeugnis für die feinfühlige und enge Beziehung der alten Mayas und Azteken zu den Pflanzen ab. Die für ihre Bewunderung alles Schönen bekannten Griechen schmückten ihre Wohnungen und Tempel mit Blumen. Die Sieger bei Spielen und Wettkämpfen krönte man mit Lorbeerkränzen. Die Opfertiere wurden mit Blumen geschmückt, um bei den Göttern Gefallen zu finden. Eine ähnliche Beziehung zu Pflanzen hatten auch die Römer. Zu den alten römischen Gottheiten gehörte auch Flora, der zu Ehren in Rom im Frühling große Feierlichkeiten veranstaltet wurden.

Anfangs wurden zum Schmücken nur Pflanzen aus der nächsten Umgebung verwendet. Mit der Entwicklung der Seefahrt wuchs jedoch auch das Interesse für Pflanzen aus weiter entfernten Gebieten. In den letzten Jahren ist es zu großen Veränderungen im Sortiment der gezüchteten Zimmerpflanzen gekommen. Dies hängt mit den veränderten Wohnverhältnissen zusammen. Anstelle kleiner Fenster gibt es oft Glaswände oder verglaste Veranden. Die alten Öfen wurden durch leicht regulierbare moderne Heizanlagen ersetzt, mit denen sich höhere Raumtemperaturen erzielen lassen. Infolge dieser Veränderungen hat sich auch die Artenzusammensetzung unserer Zimmerpflanzen gewandelt. Verschwunden sind die Zimmerlinden (*Sparmannia africana*), und Fuchsien sind selten geworden. Die leicht erhältlichen elektrisch beheizbaren Glasvitrinen ermöglichen dank künstlicher Beleuchtung das Ziehen von empfindlichen tropischen Pflanzen. Die Verwendung von Hydrokulturtöpfen läßt Zimmerpflanzen üppig gedeihen, ohne daß man sie regelmäßig gießen muß. Es ist in Mode gekommen, Epiphytenstämme zu gestalten, auf denen verschiedene Bromelien, Tillandsien oder Farne, so das dekorative *Platycerium*, gut zur Geltung kommen.

Tillandsien waren früher sehr schwer zu beschaffen. Heute sind zahlreiche Arten im

Drehfrucht, *Streptocarpus × hybridus*, *Gesneriaceae*, eine anspruchslose, langblühende Pflanze; die Fruchtkapseln sind spiralförmig eingedreht.

Handel erhältlich; manche werden als Topfpflanzen kultiviert, andere, so *T. usneoides*, ganz ohne Erde. Für die erfolgreiche Zucht der Pflanzen müssen wir ihre Namen kennen; dann können wir die Fachliteratur zu Hilfe nehmen, wo Anleitungen für ihre Kultur zu finden sind. Jede Pflanze hat einen botanischen wissenschaftlichen Namen, der aus dem Gattungsnamen (*Passiflora*) und dem Artnamen (*coerulea*) besteht. Außerdem hat sie einen Namen in der jeweiligen Landessprache, oft auch eine volkstümliche Bezeichnung. So ist der deutsche Name für die Art *Passiflora coerulea* Passionsblume. Eine volkstümliche Bezeichnung für die Hybride *Coleus blumei*, die Buntnessel, ist z.B. „Afrikanische Brennessel". Die aus zwei Wörtern bestehende Benennung (binäre Nomenklatur) datiert aus dem Jahre 1753, als der große schwedische Botaniker Carl von Linné sein Werk „Species plantarum" herausgab, in dem er sie erstmals verwendete. Viele wissenschaftliche Pflanzennamen sind aus dem Griechischen abgeleitet, manche wurden nach berühmten Botanikern, Forschungsreisenden oder Sammlern benannt, die sie entdeckten und heimbrachten (*Linnaea*, *Jacquinia*, *Bougainvillea*).

Viele Kulturpflanzen haben noch einen weiteren Namen, der die Sorte (Cultivar) bezeichnet, z.B. *Punica granatum* 'Nana', *Saintpaulia ionantha* 'Alba'. Der Sortenname folgt nach dem Artnamen. Er wird immer groß geschrieben und in einfache Anführungszeichen gesetzt oder ohne Anführungszeichen, dafür aber mit der Abkürzung cv. angeführt: *Dracaena deremensis* cv. Compacta.

1

Kapitel 1

PFLANZEN FÜR GRÖSSERE RÄUME

In großen, verglasten Räumen nehmen sich Palmfarne, Bambusarten und verschiedene Farne sehr gut aus [1].

Unter größeren Räumen versteht man in Bezug auf Zimmerpflanzen vor allem Wintergärten, verglaste Veranden und Balkons, Hallen oder helle Flure. Ein Vorteil der modernen Innenräume ist die regulierbare Zentralheizung, die es ermöglicht, Tag und Nacht eine gleichmäßige Temperatur aufrechtzuerhalten.

Die Auswahl der Pflanzen für größere Räume muß wohlbedacht sein. Sie muß sich nach den zur Verfügung stehenden Bedingungen richten. Kann man höhere Temperaturen erzielen, so werden Cycas, Pandanus, *verschiedene Bromelien, wie z. B. die Zierananas gut gedeihen, für eine kühlere Umgebung sind die Zimmerlinde, Aralien oder Araukarien zu empfehlen. Mittelmeer- oder australische Arten verlangen niedrige Wintertemperaturen. Hier kommen seltene, schöne* Protaceen-*Arten oder auch die verhältnismäßig pflegeleichten Myrtengewächse gut zur Geltung. Sehr wirkungsvoll sind Palmen, wie* Howeia, Trachycarpus, Chamaedorea *oder* Phoenix. *Die Pflanzen werden in Blumentöpfen oder größeren Gefäßen gezogen, seltener werden sie in Wintergärten zu ebener Erde eingepflanzt. Die Erdschicht muß hoch genug sein, damit die Pflanzen Wurzeln ausbilden können. Bei der Auswahl der Pflanzen ist auch der ästhetische Gesichtspunkt wichtig. Die Pflanzen müssen gefällig im Raum verteilt werden, die größeren können entweder an den Wänden oder als Blickfang frei mitten im Raum aufgestellt werden. Die Wände können für Schling- oder Kletterpflanzen genutzt werden. Eine unentbehrliche Ergänzung sind kleinere Arten, die den Unterwuchs bilden.*

Fuchsschwanz [2] (*Acalypha hispida* 'Albomarginata') *EUPHORBIACEAE*

2

Der Ursprung dieser Art ist unbekannt, obwohl sie in den ganzen Tropen verbreitet ist. Dieser Strauch besitzt wechselständige, eiförmige, am Rande gezähnte Blätter und kleine, rote, in bis zu 50 cm langen Blütenständen angeordnete Blüten. Er verlangt einen hellen Standort, verträgt jedoch direkte Sonnenbestrahlung nicht. Optimal ist eine Temperatur von 20 °C, im Winter sollten die Temperaturen nicht unter 16 °C sinken. Als Substrat hat sich eine Mischung aus Torf, Lauberde, Kompost und Sand am besten bewährt. Die Pflanzen sollten alljährlich umgesetzt werden, ältere Pflanzen nur alle 2–4 Jahre. Die Vermehrung durch Stecklinge kann während des ganzen Jahres erfolgen. Im Vermehrungskasten bewurzeln sich die Stecklinge innerhalb von zwei Wochen.

Acalypha wilkesiana 'Godseffiana' [3] *EUPHORBIACEAE*

3

Die Gattung *Acalypha* ist artenreich. Sie umfaßt schätzungsweise 430 Arten, die vorwiegend in den Tropen verbreitet sind. Während für die ursprüngliche Art breite, eiförmige, rosa, rötliche oder bronzefarbene Blätter typisch sind, weist die Sorte 'Godseffiana' schmale, länglich eiförmige bis löffelartig gebogene, am Rande cremeweiß gefärbte Blätter auf. Sie ist von strauchförmigem Wuchs. Die kleinen Blütenstände werden von den Blättern verdeckt.

Die Ansprüche an die Kultur sind die gleichen wie bei *A. hispida*. Die Vermehrung erfolgt am besten im Frühjahr und Sommer durch Kopfstecklinge.

Oleander [4] (*Nerium oleander*) *APOCYNACEAE*

Oleander erwähnen schon die alten römischen Autoren. Er ist auch auf Wandmalereien in Pompeji abgebildet. Er hat hübsche, immergrüne, lanzettliche, 10–15 cm lange Blätter und viele endständige Blütenstände mit rosa, bei den Kulturformen auch weißen, gelben, roten, halbgefüllten oder gefüllten, duftenden oder nicht duftenden Blüten, deren Durchmesser etwa 3 cm beträgt. Die ersten Blüten entfalten sich im Juni, die letzten im Herbst. Damit die Pflanzen reich blühen, müssen sie im Winter an einem kühlen (4–10 °C) und hellen, ausreichend belüfteten Platz stehen. Gegossen wird je nach Temperatur: je kühler es ist, desto weniger wird gegossen. Es empfiehlt sich, die Pflanzen im Frühjahr in den Garten oder auf die Terrasse zu stellen und sie erst bei Beginn von Frostwetter in die Wohnung zurückzuholen. Sie müssen ausreichend gegossen und einmal wöchentlich nachgedüngt werden. Der Oleander verträgt ein Zurückschneiden gut, besonders junge Pflanzen. Man kann sie leicht durch Kopfstecklinge vermehren, die sich im Wasser bei normaler Zimmertemperatur bewurzeln. Die beste Zeit für Stecklinge ist Juni bis September. Die Stecklinge müssen vorsichtig geschnitten werden, da der Oleander sehr giftig ist. Er stammt aus dem Mittelmeergebiet, wo er an Wasserläufen zu finden ist.

4

5

Korallenstrauch [5] (*Erythrina crista-galli*) *FABACEAE*

Die Bezeichnung „Korallenstrauch" bezieht sich auf die rote Farbe der Blüten, die mehr als 5 cm lang werden können, was bei Schmetterlingsblütlern eine Ausnahme ist. Die Pflanzen bilden dichte Blütenstände, die aus 50 Blüten bestehen können. Der kurze rote Kelch ist glockenförmig, die Krone auffallend ledrig. Das größte Kronblatt, das als Fahne bezeichnet wird, ist einwärts in die Blüte gebogen. Die anderen Kronblätter, Flügel und Schiffchen genannt, umgeben Staubblätter und Stempel. Die Blüten werden von Vögeln bestäubt. Die Frucht ist eine Hülse. Charakteristisch sind auch die dornigen Zweige und die unpaarig gefiederten Blätter mit ihren dicken, ledrigen Blättchen. Dieses Holzgewächs gedeiht am besten in verglasten Hallen, auf Veranden oder in Wintergärten. Es verlangt viel Licht und vor allem einen kühlen Standort im Winter (2–8 °C) bei vollkommener Trockenheit. Am besten ist es, die Pflanzen in der zweiten Maihälfte ins Freiland, in den Garten oder auf einen Balkon zu bringen. Die Vermehrung erfolgt durch Kopfstecklinge und aus importierten Samen. Im ersteren Fall blühen die Pflanzen früher, im letzteren erscheinen die Blüten erst nach

6

3–4 Jahren. Stecklinge schneidet man am besten im April. Will man, daß sich die ausgewachsenen Pflanzen verzweigen, schneidet man sie schon im Februar zurück.

Brunfelsie [6] (*Brunfelsia pauciflora*) *SOLANACEAE*

Diese sehr dekorative Art blüht im Winter oder zeitig im Frühjahr. Die Blüten sind violett überlaufen. Wirkungsvoll sind auch die immergrünen Blätter. Sie sind länglich, verkehrt eiförmig bis elliptisch, etwa 10 cm lang. In ihrer Heimat, Brasilien, wird die Art über 3 m hoch, in Innenräumen ist sie bedeutend niedriger. Sie verlangt einen lichten Standplatz, verträgt jedoch keine direkte Sonneneinstrahlung, die die Blätter beschädigen könnte. Am liebsten hat sie vom Frühjahr bis zum Herbst eine Temperatur von 20–22 °C, von Oktober bis Januar sind Temperaturen von 10–14 °C optimal. Das Substrat soll mäßig feucht sein. Wenn es austrocknet, fallen die Knospen ab. Die Vermehrung erfolgt am besten durch nicht verholzte Stecklinge bei einer Bodentemperatur von 25 °C. Nachdem sich die Pflanzen bewurzelt haben, ist es ratsam, sie einige Male zurückzuschneiden, damit sie sich verzweigen.

Madagaskarpalme [7] (*Pachypodium lamerei* 'Cristatum') *APOCYNACEAE*

Diese sukkulente Pflanze wird auch als „Madagaskarpalme" bezeichnet. Sie hat jedoch mit den Palmen nichts gemein, denn die Hundsgiftgewächse (*Apocynaceae*) gehören zu den zweikeimblättrigen Pflanzen, die Palmen hingegen zu den einkeimblättrigen. Ähnlich ist nur die Gesamterscheinung, vor allem die unverzweigten Stämme und der Blätterschopf an ihrer Spitze.

Eigenartig wirken die dichten Dornen, die den Stamm vollständig bedecken. Die bogenförmig gekrümmten Blätter sind oberseits glänzend, mit einem auffälligen gelben Streifen in der Mitte. Am besten gedeiht die Art bei voller Besonnung. Da sie aus den heißen Gebieten von Madagaskar stammt, verträgt sie im Sommer hohe Temperaturen. Im Winter sollte die Temperatur nicht unter 10 °C sinken. Das Substrat muß gut durchlässig sein. Man bereitet es aus Einheitserde, Sand und Lehm. Der pH-Wert des Bodens sollte bei 7 liegen. Während die Pflanze im Sommer mäßiges Gießen erfordert, wird dies im Winter stark eingeschränkt. Das Nachdüngen mit für Kakteen verwendeten Düngemitteln ist äußerst zuträglich.

7

Pachypodium succulentum [8] — *APOCYNACEAE*

8

Von allen Arten der Gattung *Pachypodium* wird die abgebildete wegen ihrer Anspruchslosigkeit am häufigsten gezogen. Sie stammt aus dem Kapland, wo sie auf steinigem Boden wächst, in dem fast der ganze Wurzelkopf (Caudex) steckt. Es ist nicht einfach, die Pflanze aus dem Boden herauszuziehen. Den oberirdischen Teil der Pflanze bilden die verflochtenen Zweige, die eine Länge von etwa 30 cm erreichen.

Die Pflanzen können zurückgeschnitten werden, so daß sie die gewünschte Größe behalten. Zur Vermehrung können Stecklinge verwendet werden, die jedoch verhältnismäßig schwer Wurzeln schlagen. Wird aber ein Teil des Caudex abgeschnitten und so eingesetzt, daß er etwas aus der Erde herausragt, entwickelt sich bald ein junger Trieb.

Bergpalme [9] (*Chamaedorea elegans*) *PALMAE*

9

Der Gattungsname ist aus dem Griechischen abgeleitet, wo chamai niedrig bedeutet. Diese Palme erreicht nicht nur in Kultur, sondern auch an ihren ursprünglichen Standorten eine Höhe von 2 m. Sie wird ihrer Blätter wegen gezogen, wenn auch die Blüten auffallend gelb gefärbt sind. Die Blätter sind etwa 1 m lang, gefiedert, leicht abwärts gebogen. Die Pflanze ist zweihäusig. In Innenräumen bildet sie keine Früchte aus. Nach künstlicher Bestäubung beginnen sie sich aber rasch zu entwickeln. Die Pflanze verträgt weder direktes Sonnenlicht noch trockene Luft. Am meisten sagt ihr eine durchschnittliche oder etwas höhere Zimmertemperatur zu. Im Winter soll die Temperatur nicht unter 12 °C sinken. Während des Wachstums wird hin und wieder mit einem Volldüngemittel nachgedüngt.

Hanfpalme [10] (*Trachycarpus fortunei*) *PALMAE*

10

Die Hanfpalme erreicht unter günstigen Bedingungen eine stattliche Größe. Wer einen Wintergarten oder eine verglaste Veranda besitzt, kann diese Pflanze dort ohne Bedenken aufstellen. Typisch ist der große Stamm mit zahlreichen Überresten abgestorbener und abgefallener Blätter, wie auch der fächerförmige Blätterschopf an ihrem Gipfel. Der Blattstiel ist am Rand gezähnt und auf der Innenseite mit dichten Fasern bewachsen. Die Art ist von Burma bis nach China und Japan verbreitet und steigt dort in große Höhen (bis zu 2000 m ü. M.) auf, wo im Winter niedrige Temperaturen herrschen. Deshalb verträgt sie auch in Kultur sogar Temperaturen unterhalb des Gefrierpunktes. Sie gehört zu den widerstandsfähigsten Palmen. Sie gedeiht in Einheitserde, die zur Steigerung der Durchlässigkeit mit grobem Sand gemischt wird. Ihren Artnamen erhielt die Pflanze zu Ehren des berühmten englischen Botanikers R. Fortune (1812–1880), der sich unter anderem auch mit der Einführung vieler Pflanzen nach Europa Verdienste erworben hat.

Schraubenbaum [11] (*Pandanus veitchii* 'Variegatus') *PANDANACEAE*

Als Zimmerpflanzen werden *Pandanus*-Arten verhältnismäßig wenig gezogen. Auch der am häufigsten kultivierte *P. veitchii* ist ziemlich selten. Er erreicht eine Höhe von 2 m und die Blattrosette hat einen Durchmesser von 1,5 m. Die schwertförmigen, bis zu 10 cm breiten Blätter weisen weiße Längsstreifen auf. Die Blattränder sind scharf gesägt. Sie sind spiralig an dem verhältnismäßig kurzen Stiel angeordnet. Typisch für den Schraubenbaum sind die Luftwurzeln, die aus der Sproßachse hervorwachsen, verholzen und der Pflanze als Stütze dienen. Die unscheinbaren Blüten sind zu kugelförmigen Blütenständen vereint, erscheinen aber in Innenräumen nur selten. Die Vermehrung erfolgt durch das Abtrennen junger Pflanzen, die sich am Stamm bilden. Sie bewurzeln sich leicht in Vermehrungskästen. Der Schraubenbaum wird in diffusem Licht gehalten, die Luftfeuchtigkeit soll im Sommer höher sein, im Winter verträgt er

Pandanus veitchii:
Wachstum in der Natur.

11

12

trockene Luft. Im Sommer wird ausgiebig, bis zur Verschlammung gewässert, im Winter gießt man nur wenig, stets mit lauwarmem Wasser. Beheimatet ist der Schraubenbaum auf den polynesischen Inseln. Es sind mehr als 600 Arten bekannt, die in den Tropen dichte Bestände bilden, vor allem entlang der Meeresküste.

Kletterficus [12] (*Ficus pumila*) *MORACEAE*

Diese Art ist im Unterschied zu den vorhergehenden Arten eine Kletterpflanze, die in Gewächshäusern Fenster, Wände oder auch andere Pflanzen in ihrer Umgebung vollständig bedecken kann. An Wänden von Wintergärten oder in Ampeln wirkt sie sehr dekorativ. Man erkennt sie leicht an den kleinen Blättern, die nur 2–3 cm lang und 2 cm breit sind und dicht nebeneinander am Stengel stehen. Die Pflanze läßt sich einfach durch Triebstecklinge vermehren, die zu je 15 in einem Blumentopf von etwa 10 cm Durchmesser in eine Mischung aus Torf und Sand gesteckt werden. Als Unterwuchs in Wäldern tritt die Art in Ostasien und Australien auf.

Kleinblättriger Gummibaum [13] (*Ficus benjamina* 'Hawaii') *MORACEAE*

Diese indische Art wurde in den letzten Jahren zu einer Modepflanze. Dekorativ sind sowohl die überhängenden Zweige als auch die kleinen lederartigen Blätter, die nur eine Länge von 10 cm erreichen und in eine auffallend lange Spitze auslaufen. Oft erscheinen auch an jungen Pflanzen kugelförmige Fruchtstände, die man z. B. bei *F. elastica* vergebens suchen würde. Sehr gut gedeiht die Pflanze in Hydrokultur. Die Vermehrung erfolgt durch Kopfstecklinge.

13

Geigenfeige [14] (*Ficus lyrata* syn. *Ficus pandurata*) *MORACEAE*

14

Diese Art ist ein weiterer Angehöriger der Gattung *Ficus*, die mehr als 1500 Arten zählt. Charakteristisch sind ihre großen, bis 60 cm langen, ledrigen, an der Spitze ganzrandigen, an der Basis gelappten Blätter. Da nicht nur ihre Form, sondern auch ihre Dimensionen sehr wirkungsvoll sind, verwendet man sie zum Schmuck von Ausstellungs- und Konzertsälen und stellt sie in Hallen, Treppenhäusern und großen Räumen auf. Sehr hübsch nehmen sich auch die Fruchtstände aus, die sich schon an jungen Exemplaren entwickeln.

Die Art verlangt Licht, aber keine direkte Sonnnenbestrahlung, sowie eine Zimmertemperatur, die im Winter nicht unter 18 °C sinken sollte. Am besten gedeiht sie in Einheitserde bei pH 6. Es sollte nur mäßig gegossen werden, da sonst die Wurzeln faulen. Die Erde sollte aber auch niemals völlig austrocknen. Die Vermehrung erfolgt durch Stecklinge, am besten bei 25 °C.

15 16

Gummibaum [15, 16] (*Ficus elastica*) *MORACEAE*

Wegen ihrer schönen, immergrünen Blätter sind viele *Ficus*-Arten zum Schmuck von Innenräumen sehr gefragt. Die am häufigsten kultivierte Art ist *F. elastica* mit typischen, stark ledrigen, oberseits glänzenden, unterseits matten Blättern. Das austreibende Blatt ist zusammengerollt und von roten Nebenblättern umgeben, die bei der weiteren Entwicklung des Blattes abfallen. In seiner Heimat in Burma und Malaysia wird der Gummibaum 25 m hoch. In der Wohnung fallen bei älteren Pflanzen meistens

17

die unteren Blätter ab und die Stämme bleiben kahl. In diesem Fall kann man sie zurückschneiden, um eine Verzweigung zu bewirken. Die Sorte 'Variegata' zeichnet sich durch gelblichweiße gefleckte Blätter aus. Dieser buntblättrige Ficus eignet sich besser für moderne Wohnungen, denn er verlangt im Winter höhere Temperaturen, während sich die Wintertemperatur bei der ursprünglichen Art nur um 15 °C bewegen sollte. Die Sorte 'Decora' unterscheidet sich von der ursprünglichen Art durch kürzere, breitere, stärker ledrig erscheinende, unterseits rötliche Blätter und braunrote Nebenblätter. Die Ansprüche an die Pflege sind für alle *Ficus*-Arten gleich. Als Substrat hat sich eine Mischung aus Mistbeeterde, Humus, Lauberde und Torf gut bewährt. Es muß reichlich gegossen werden, aber immer erst, sobald die Erde ein wenig ausgetrocknet ist.

18

Palmfarn [17] (*Cycas circinalis*) *CYCADACEAE*

In ausgewachsenem Zustand ähnelt diese Art in ihrer Gesamterscheinung den Palmen, ist jedoch keineswegs mit ihnen verwandt. Sie zeichnet sich durch den großen Blätterschopf an der Stammspitze aus. Der Stamm ist mit zahlreichen Narben bedeckt, welche die abgefallenen Blätter hinterlassen haben. Palmfarne sind zweihäusig. An den männlichen Exemplaren wachsen zwischen den Blättern stattliche Zapfenblüten hervor. An den weiblichen Exemplaren finden sich zwischen den grünen Blättern zahlreiche rostbraune, flaumig behaarte Fruchtblätter. Sie weisen an den Rändern 4–8 Samenanlagen auf. In der freien Natur entwickeln sich aus ihnen große Samen (von der Größe eines Hühnereis), in Gewächshäusern ist dies jedoch nur selten der Fall. *C. circinalis* wird häufiger kultiviert als die nahe verwandte *C. revoluta*. Die Art eignet sich für Wintergärten oder warme verglaste Veranden, denn die großen Blätter brauchen viel Platz. Die Pflanze gedeiht sowohl in diffusem Licht als auch bei voller Besonnung. Im Sommer gießt man ausgiebig, im Winter wird weit weniger gegossen. Nachgedüngt wird von März bis August einmal monatlich mit organischen Düngemitteln.

Bougainvillea [18] (*Bougainvillea × buttiana*) *NYCTAGINACEAE*

Diese Pflanze ist eine in Brasilien beheimatete Liane. Sie hat dornige Zweige mit wechselständigen, behaarten Blättern. Die Blüten sind klein, gelbgrün, ziemlich unauffällig. Prachtvoll sind aber die drei Deckblätter, die die Blüte umgeben. Sie sind meist violett, können aber auch rot, rosa oder orange sein. Damit die Bougainvillea blüht, braucht sie im Winter einen kühlen, hellen Raum mit einer Temperatur von etwa 5–10 °C. Auch in der Vegetationszeit verlangt sie viel Licht. Im Winter wird wenig gegossen. Vom Frühjahr an spart man aber nicht mehr mit Wasser und sollte mit dem Rückschneiden der Pflanzen nicht zu lange warten. Die abgeschnittenen Triebspitzen, wie auch Teile der Achse läßt man bewurzeln. Von den 14 Arten der Gattung *Bougainvillea* sind *B. spectabilis* und die kleinere *B. glabra* am bekanntesten. In Wohnungen zieht man aber hauptsächlich *B.* × *buttiana* in verschiedenen Sorten und *B. glabra*. Die abgebildete Art nimmt sich in Wintergärten besonders gut aus.

Fleißiges Lieschen [19] (*Impatiens* × *walleriana*) *BALSAMINACEAE*

Die Art stammt aus den Gebirgen des tropischen Afrikas, ist 30–50 cm hoch und stark verzweigt. Die Zweige sind dick, fleischig und die hellgrünen Blätter zugespitzt eiförmig mit gezähneltem Rand. Am unteren Teil des Stengels sind sie wechselständig, am oberen wirtelig. Aus den Blattachsen wachsen die meist einzeln stehenden Blüten. Sie sind etwa 4 cm groß und weisen einen charakteristischen Sporn auf, der sehr dünn und leicht gebogen ist. Die Blüten sind in der Regel rosa, aber auch weiß, rot oder violettrot. Vermehren kann man diese anspruchslose Pflanze durch Samen oder, einfacher, durch Kopf- und Triebstecklinge, die sich bei 15–20 °C rasch bewurzeln. Nach der Bewurzelung empfiehlt es sich, die Pflanzen zurückzuschneiden, damit sie

19

20

sich verzweigen. Gegossen wird ausgiebig, im Winter nur soviel, daß die Pflanzen nicht vertrocknen. Direktes Sonnenlicht vertragen sie nicht. Sie eignen sich nicht nur als Unterwuchs für höhere Pflanzen in größeren Räumen, sondern auch als Topfkultur in Wohnräumen. Die Gattung *Impatiens* umfaßt etwa 600 Arten.

Var. *petersiana* hat kräftige, fleischige, rötlich überlaufene bis bronzefarbene Zweige.

Hoffmannie [20] (*Hoffmannia ghiesbreghtii* 'Variegata') *RUBIACEAE*

Das Schöne an diesem Strauch sind seine Blätter, die bis 30 cm lang und 10 cm breit werden. Sie haben stark hervortretende Blattnerven. Oberseits sind sie flaumig olivgrün, unterseits purpurrot. Die gelben Blüten mit roten Flecken sind unscheinbar und wachsen in Bündeln aus den Blattachseln hervor. Dieser in Mexiko und Guatemala beheimatete Halbstrauch erreicht eine Höhe von 1,5 m. Die Zweige sind scharf vierkantig bis geflügelt. Die Pflanze wird in großen Wintergärten oder verglasten Veranden kultiviert. In trockenen Räumen geht sie ein. Man pflanzt sie in ein Gemisch aus grober Laub-, Rasen- und Mistbeeterde oder in Einheitserde. Sie läßt sich das ganze Jahr über durch krautige Stecklinge in einem geschlossenen Frühbeet oder im Vermehrungskasten vermehren und bewurzelt sich im Laufe von 2–3 Wochen. Die nach dem deutschen Botaniker G.F. Hoffmann benannte Gattung zählt etwa 50 Arten, die in Mittel- und Südamerika verbreitet sind.

21

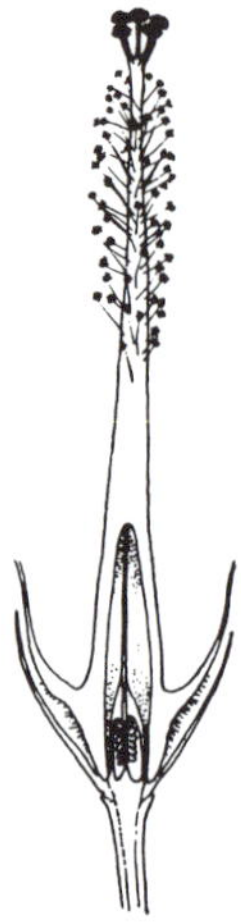

Hibiscus rosa-sinensis: Zu einem Säulchen verwachsene Staubfäden.

Roseneibisch [21, 22] (*Hibiscus rosa-sinensis*) *MALVACEAE*

22

Dieser Strauch oder 2 bis 5 m hohe Baum kann leicht zurückgeschnitten werden, so daß er in der Wohnung nicht zu viel Platz in Anspruch nimmt. Die dunkelgrünen Blätter sind oberseits glänzend, ihr Rand ist gezähnt. Die großen Blüten, die einen Durchmesser von bis zu 15 cm erreichen, haben unter dem Kelch noch einen typischen Außenkelch. Die Kronblätter sind meistens rosa, es wurden aber einige Kulturformen gezüchtet, die karminrot oder gelb blühen. Sehr dekorativ sind die Staubblätter, die weit aus der Blüte hervorra-

23

gen und deren Staubfäden bis auf die freien Spitzen zu einem Säulchen verwachsen. Oft begegnet man auch gefüllten Sorten (flore pleno). Auch gefleckte Blätter sind keine Seltenheit (cv. Cooperi). Für die Sorte 'Aurantiacus' [22] sind ihre orangenfarbenen Blüten charakteristisch. Sie ist sehr dekorativ, wird aber in Wohnungen bislang nicht allzu häufig gezogen. Der Roseneibisch fehlt in keinem Gewächshaus und findet sich auch oft in Innenräumen. Er verlangt viel Licht bis pralle Sonne, nährstoffreiche Erde, geräumige Blumentöpfe oder andere Gefäße, reichlich Wasser von Frühjahr bis Herbst. Es sollte zweimal im Monat mit einem Volldüngemittel nachgedüngt werden. Vermehrt wird er durch Kopfstecklinge. Junge Pflanzen sollen zurückgeschnitten werden, damit sie sich reich verzweigen. Im Sommer mögen es die Pflanzen sehr, wenn man sie im Garten oder auf Balkons aufstellt.

Zierananas [23] (*Ananas comosus* 'Variegatus') *BROMELIACEAE*

Die Ananas ist vor allem wegen ihrer schmackhaften Früchte bekannt, aber die wenigsten wissen, daß sie auch als Zierpflanze verwendet werden kann, die sich zur Kultur in Wohnungen und Gewächshäusern eignet. Besonders schön sind Pflanzen mit gelbweiß bis rosa gestreiften Blättern ('Variegatus'). Wenngleich die Pflanzen in Wohnungen selten blühen und Früchte tragen, wirkt auch die sterile Ananas sehr dekorativ. Sie bildet große, 80–120 cm lange, steife Blattrosetten, deren Ränder dornig sind. Die kleinen Blüten sind zu dichten kugelförmigen oder eiförmigen Blütenständen vereinigt. Die Frucht ist eine gelbe Beere, die mit der fleischigen Achse und den Deckblättern verwächst und die typische Sammelfrucht, die Ananas, bildet. Die Achse durchwächst die Sammelfrucht und trägt an ihrer Spitze einen Blattschopf. Diesen kann man zur Vermehrung der Ananas verwenden. Man schneidet ihn vorsichtig ab, läßt ihn austrocknen und pflanzt ihn nach einigen Tagen in Sand oder sandige Erde. Ähnlich vermehrt man die Pflanze auch durch Seitentriebe. Bei älteren Pflanzen, die man zum Blühen bringen möchte, empfiehlt es sich, sie samt Blumentopf, zusammen mit einigen Äpfeln, in eine durchsichtige Folie einzuwickeln. Die Äpfel scheiden gasförmiges Äthylen aus, das die Bromelien zum Blühen bringt. Die Pflanzen werden bei diffusem Licht gezogen, im Sommer werden sie ausreichend gegossen und benetzt. In den Blattrosetten kann Wasser stehen. Gedüngt wird nur selten, ausschließlich mit Mineraldüngemitteln. Die Zierananas stammt aus Brasilien, Plantagen findet man aber überall in den Tropen. Wildwachsende Pflanzen sind nicht bekannt.

Allamande [24] (*Allamanda cathartica*) *APOCYNACEAE*

Die Allamande wird in Brasilien, wo sie natürlich verbreitet ist, volkstümlich „Goldtrompete“ genannt. Diese Bezeichnung paßt vollkommen zu Blütenform und -farbe. Auch die wirtelig jeweils zu 3–4 angeordneten Blätter sind sehr hübsch. Sie sind 10–14 cm lang, 3–4 cm breit, länglich eiförmig, zugespitzt, ledrig und stark glänzend. Da diese Liane in der Natur eine Höhe von 6–8 m erreicht und im Gewächshaus 2 m hoch wird, kommt man in Innenräumen nicht ohne wiederholtes Zurückschneiden

24

25

aus. Dadurch wird aber die Entwicklung der Blüten oft beeinträchtigt. Die Pflanze braucht volle Sonne, viel Wasser und ausreichend Platz. Sie wird durch Kopfstecklinge vermehrt. Die Gattung *Allamanda* umfaßt 12 Arten, die, bis auf eine mittelamerikanische Art, alle in Südamerika beheimatet sind.

Flachslilie [25] (*Phormium tenax* 'Variegatum') *LILIACEAE*

Diese Pflanze wird häufig als „neuseeländischer Hanf" bezeichnet und ist tatsächlich auf Neuseeland und den Norfolkinseln natürlich verbreitet. Charakteristisch ist das kurze, verdickte Stämmchen, aus dem bis 2 m lange, schwertförmige, derbe, zweizeilig angeordnete Blätter hervorwachsen. Der Blütenstand erreicht in Freilandkulturen eine Länge von 3 m.

Die Blätter der abgebildeten Sorte 'Variegatum' weisen einen schmalen roten Saum sowie gelbliche und weißliche Längsstreifen auf.

Die Art ist sehr widerstandsfähig. Im Sommer kann sie auf Terrassen oder Balkons aufgestellt werden, im Winter in kühleren Räumen, wie Korridore, Wintergärten u.a. Sie verlangt große Behälter. Als Substrat hat sich Rasenerde mit einer Zugabe von Lehm und Sand bewährt. Da die Art in ihrer Heimat an Gewässerrändern wächst, muß sie gut feucht gehalten werden. Am einfachsten läßt sie sich durch Teilung der Rosetten vermehren.

Die Blätter enthalten sehr feste Bastfasern, die sich kaum zerreißen lassen. Man nutzt sie zur Herstellung von Seilen, Schnüren oder Segeln.

26

Paradiesvogelblume [26] (*Strelitzia reginae*) *MUSACEAE*

27

Beim Anblick einer Blüte dieser Pflanze denkt man sofort an einen exotischen Vogel. Ungewöhnlich ist nicht nur ihre bunte Färbung, sondern auch ihr Bau. Am Ende des dikken Schaftes schiebt sich seitlich zwischen den Deckblättern ein zusammengewachsenes, scharf zugespitztes kahnartiges Gebilde heraus, aus dem die Blüten mit orangefarbenen äußeren und blauen inneren Kronblättern hervorragen. Die langgestielten Blätter sind ebenso lang wie die Schäfte – 1 bis 2 m. Die ganze Pflanze hat große Ähnlichkeit mit Bananenstauden, die übrigens zur selben Familie gehören. Die südafrikanische Gattung *Strelitzia* besteht nur aus vier Arten. Die hier abgebildete wird als einzige zum Schnitt und zur Zierde von Innenräumen gezüchtet, die anderen findet man als Rarität in warmen Gewächshäusern. Die Pflanzen brauchen sehr nährstoffreiche Erde, große Gefäße, in Gewächshäusern freie Erde. Im Sommer sind eine hohe Temperatur, reichliche Bewässerung und hohe Luftfeuchtigkeit unerläßlich, im Winter dagegen niedrige Temperaturen. Die Blüten der Strelitzie halten sich in Vasen außergewöhnlich lange.

Balsamapfel [27] (*Clusia rosea*) *CLUSIACEAE*

Der Gattung *Clusia* gehören etwa 100 Arten an, die im tropischen Amerika verbreitet sind. Es handelt sich um Gehölze, manche von ihnen sind Epiphyten oder Lianen.

C. rosea wird in Wohnungen selten gezogen, ist jedoch ein sehr dekoratives immergrünes Gehölz. In seiner Heimat wird es 6 m hoch und wächst in der Regel auf Felsen oder als Epiphyt auf anderen Bäumen. Hübsch sind ihre großen, verkehrt eiförmigen, stark ledrigen, sattgrünen Blätter. Sie werden 220 cm lang, ihre Seitennerven sind nicht sichtbar. Die großen Blüten sind rosa. Die Pflanze braucht ausreichend Platz, Wärme und Feuchtigkeit.

Mandarine [28] (*Citrus reticulata*) *RUTACEAE*

Dies ist ein weiteres beliebtes Zitrusgewächs. Wenn man jedoch keine Räume mit Wintertemperaturen bis zu 10 °C zur Verfügung hat, ist es besser, es mit Mandarinen nicht zu probieren. Junge Pflanzen kann man leicht aus Kernen heranziehen, die gut und rasch keimen, aber die Pflanzen, die aus ihnen hervorwachsen, tragen erst nach vielen Jahren Früchte. Will man fruchtende Mandarinen haben, so ist auch hier Okulieren die beste Methode. Mandarinen besitzen kleine Dornen und winzige, nur 3,5 cm lange Blätter mit kurzen, fast ungeflügelten Stielen. Die weißen Blüten sind

28

von zartem, angenehmen Duft. Bei niedrigen Temperaturen im Winter muß man das Gießen einschränken, vom Frühjahr bis zum Herbst verlangen die Pflanzen sehr viel Wasser. Am besten wachsen sie in Einheitserde bei pH 4–5,5. In der Vegetationszeit muß einmal wöchentlich nachgedüngt werden, im Winter reicht es in Abständen von 1–2 Monaten. Größere Pflanzen kann man leicht in Form schneiden. Die Gattung *Citrus* umfaßt mindestens 60 Arten, von denen viele durch spontane Kreuzung oder in der Kultur entstanden sind. Ihre Herkunft ist oft unbekannt.

Schneckenfaden [29] (*Cochliostema odoratissimum*) *COMMELINACEAE*

Natürlich verbreitet ist diese Art im tropischen Amerika. In Kultur gehört sie zu den seltenen Arten, die sich aber durch die Schönheit ihrer Blätter und Blüten auszeichnet. Für die erfolgreiche Kultur verlangt sie größere Räume, denn die Blätter sind über 1 m lang, 30 cm breit und bilden eine üppige Rosette. Die duftenden Blüten entspringen aus den Achseln der großen, weißlich rosa Deckblätter. Die Kelchblätter sind 2,4 cm lang und 1 cm breit, die Kronblätter sind länger, himmelblau und an den Rändern mit dichten langen Wimpern ausgestattet. Von den fünf Staubblättern sind nur die drei fertilen von einem kapuzenförmigen Anhängsel überdeckt.

Die Art hat ähnliche Ansprüche wie die Bromelien. Das Substrat muß locker, humos und nährstoffreich sein. Die Vermehrung erfolgt durch Samen, die sich erst nach künstlicher Bestäubung entwickeln.

29

30

Sanchezie [30] (*Sanchezia nobilis*) *ACANTHACEAE*

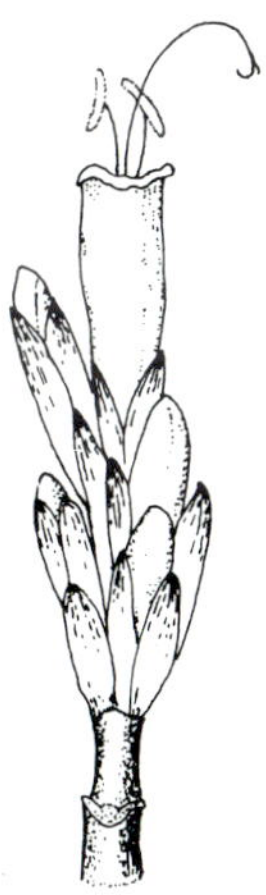

Sanchezia nobilis: Blütenstand.

Diese Pflanze wurde aus Ecuador in die Kultur eingeführt und nach dem spanischen Botaniker Sanchez benannt. Bezeichnend für sie sind die großen, bis 30 cm langen Blätter, die entlang der Adern verlaufende, markante gelbe Streifen aufweisen. Dadurch ist sie der Art *Aphelandra squarrosa* sehr ähnlich. An den Stengelspitzen wachsen dichte Blütenstände, die aus gelben, etwa 5 cm langen Einzelblüten bestehen. Dekorativ sind auch die Deckblätter, in deren Achseln die Blüten stehen. Sie können eine Länge von 4 cm erreichen und sind leuchtend rot gefärbt. Die Gattung *Sanchezia* umfaßt etwa 60 Arten, die in Mittel- und Südamerika verbreitet sind. Bei der Kultur in der Wohnung braucht die Pflanze das ganze Jahr über Wärme und feuchtere Luft. Da sie ziemlich rasch wächst, muß sie alljährlich zurückgeschnitten werden. Mit Hilfe der dabei anfallenden Stecklinge kann man die Pflanze vermehren. Nachdem sich die jungen Pflanzen bewurzelt haben, werden sie wieder gekappt, damit sie sich verzweigen. Die Pflanzen stellen keine besonderen Anforderungen an die Erde. Sie gedeihen in sandiger Mistbeeterde. Sie brauchen ziemlich große Behälter; am besten wachsen sie in Gewächshäusern oder Wintergärten. Im Winter vertragen sie direktes Sonnenlicht.

31

Medinille [31] (*Medinilla magnifica*) *MELASTOMATACEAE*

Die Medinille hat 30–50 cm lange, überhängende, rosafarbene Blütenrispen mit großen Deckblättern in derselben Farbe. Bemerkenswert sind auch die etwa 30 cm langen, lederartigen Blätter mit auffällig bogenförmig verlaufenden Adern. Die starken Stengel sind vierkantig und geflügelt. Die Art braucht schwach sauere, leichte Erde, z. B. eine Mischung aus Lauberde, Torf, Streu und Sand. In der Vegetationszeit wird einmal pro Woche nachgedüngt, die Pflanzen werden täglich mit Wasser besprüht und reichlich gegossen. Die Temperatur sollte nicht unter 15 °C sinken. Im Winter wird weit weniger gegossen. Die Pflanzen lassen sich gut durch Samen vermehren. Eine raschere Methode ist die Vermehrung über nicht verholzte Triebstecklinge, wenngleich diese sich verhältnismäßig schwer bewurzeln. Man benötigt einen Vermehrungskasten.

Calathea zebrina [32] — *MARANTACEAE*

Diese aus Brasilien stammende ausdauernde Pflanze hat langgestielte, spießförmige Blätter, die sowohl an der Spitze als auch am Grund zugespitzt sind. Oberseits sind sie samtig dunkelgrün, nur Haupt- und Seitenadern treten hellgrün hervor; unterseits sind sie purpurrot. Der ährenförmige Blütenstand ist aus weißen und violetten Blüten kompakt mit auffallenden violetten Deckblättern zusammengesetzt. Die Kulturbedingungen stimmen mit denen für die vorhergehenden Arten überein.

32

Kapitel 2

KAKTEEN UND ANDERE SUKKULENTEN

So kann eine Kakteensammlung im Gewächshaus aussehen [33]. Diese scheinbar öde Landschaft ist der natürliche Standort der Kakteen [34].

Sukkulenten sind Pflanzen mit saftig dickfleischigen Pflanzenteilen. Dies können die Wurzeln, der Stengel oder die Blätter sein. Die Sukkulenz der Organe stellt eine außergewöhnlich sinnvolle Anpassung an die Umwelt dar, in der diese Pflanzen leben. Sukkulente Organe speichern nämlich Wasser. Nur so können diese Pflanzen die ungünstigen Bedingungen überdauern, denen sie in ihrer ursprünglichen Heimat, den Dürregebieten mit intensiver Sonneneinstrahlung und nur seltenen Regenfällen, ausgesetzt sind. Bei den Kakteen handelt es sich um Pflanzen aus der Familie Cactaceae, *die übrigen Sukkulenten gehören verschiedenen Familien an, bei denen oft nur wenige oder gar nur eine Art einer Gattung sukkulent sein können (z. B. Pelargonien). Typische Sukkulentenfamilien sind die* Euphorbiaceae, Aizoaceae, Crassulaceae, Asteraceae, Liliaceae *und viele andere.*

In Anbetracht der enormen Anzahl verschiedener sukkulenter Pflanzen ist es unmöglich, eine verallgemeinerte Pflegeanleitung zu geben. Sie wird deshalb bei jeder abgebildeten Art einzeln angeführt. Eine Ausnahme bilden die Kakteen. Wenn auch viele Kakteenarten anspruchslos sind, muß man ihnen bestimmte grundlegende Wachstumsbedingungen zur Verfügung stellen. Vor allem verlangen sie Sonne. Wenn man kein Fenster hat, das mindestens einige Stunden täglich volle Sonne abbekommt, sollte man nicht mit der Kakteenzucht beginnen. Ideal ist ein Gewächshaus, auch wenn es klein ist. Die Erde muß durchlässig sein, am besten eignet sich eine Mischung aus vermoderter Lauberde, Mistbeeterde, Ackerkrume und Sand. Kakteen, die auf nährstofffreiem Substrat (z. B. Ziegelsplitt) gezogen werden, muß man regelmäßig mit Spezialdünger versorgen. Gegossen wird je nach Jahreszeit. Im Sommer vertragen die Kakteen reichliche Feuchtigkeit; im Winter wird sehr wenig oder überhaupt nicht gegossen. In dieser Jahreszeit brauchen sie auch niedrige Temperaturen um 5–10 °C.

34

35

Goldkugelkaktus [35] (*Echinocactus grusonii*) *CACTACEAE*

Dieser Kaktus ist bei Kakteenfreunden sehr beliebt. Sein Körper ist kugelig und auffallend groß, mit einem Durchmesser von 80 cm und einer Höhe bis 130 cm. Er weist etwa 30 stark ausgeprägte Rippen mit filzigen Areolen auf, aus denen 8–10 gerade oder schwach gebogene hellgelbe, bis 3 cm lange Randdornen hervorwachsen. Die vier mittleren Dornen sind bis 5 cm lang. Der Scheitel ist dicht befilzt. Aus ihm wachsen in mehreren Kreisen etwa 5 cm lange goldgelbe Blüten hervor, die einen Durchmesser von ebenfalls 5 cm haben. Die Vermehrung erfolgt nur durch Samen. Sie keimen sehr rasch, die optimale Temperatur beträgt 25 °C. Im Sommer erfordert die Pflanze viel Feuchtigkeit, die Erde darf niemals austrocknen. Auch im Winter muß regelmäßig, wenn auch weniger gegossen werden. Die Pflanze verträgt kein pralles Sonnenlicht, da sie dann Verbrennungen erleidet. Dieser Kaktus wurde aus Mittelmexiko in die Kultur eingeführt. Seinen Artnamen erhielt er zu Ehren des bekannten deutschen Kakteenzüchters aus Magdeburg, H. Gruson.

Schlangenkaktus [36] (*Aporocactus flagelliformis*) *CACTACEAE*

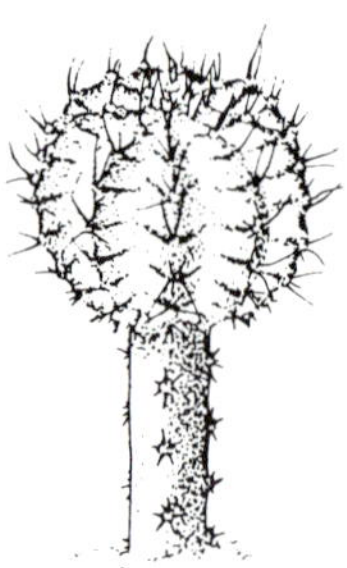

Pfropfen von Kakteen.

Dieser Kaktus wurde bereits am Beginn des 18. Jahrhunderts (nach manchen Autoren sogar schon am Ende des 17. Jahrhunderts) aus Amerika nach Europa gebracht, wo er bis heute sehr beliebt ist. Er gehört also zu den sehr alten Zimmerpflanzen. Seine große Beliebtheit rührt sicher von der bizarren Form der ganzen Pflanze her. Sie besitzt nämlich bis 1 m lange Triebe, deren Durchmesser etwa 2 cm beträgt. Diese haben Längsrippen mit 3–7 mm voneinander entfernt stehenden Areolen und 15–20 rotbraunen Dornen. Aus den Areolen der zweijährigen Triebe wachsen zeitig im Frühjahr 7–10 cm lange, symmetrische rotviolette Blüten hervor. In seiner Heimat Mexiko wächst der Kaktus auf Bäumen oder Felsen. In Innenräumen wirkt er sehr dekorativ, wenn er an einem erhöhten Platz aufgestellt wird, z. B. auf Regalen, Schränken oder in Ampeln. Sehr gut bekommt es der Pflanze, wenn man sie im Mai ins Freie stellt, am besten auf Balkons oder in Blumenkästen. Im Sommer verlangt sie viel Feuchtigkeit. Umsetzen soll man so selten wie möglich in nahrhafte Erde mit einer Beimischung von Torf.

36

37

Teufelszunge [37] (*Ferocactus latispinus*) *CACTACEAE*

Die Teufelszunge ist eine der 30–35 Arten der Gattung *Ferocactus*. Der kugelige Körper alter Pflanzen kann einen Durchmesser von 40 cm erreichen. Er ist blaugrün, in der Regel mit 20 schmalen, scharfen, 1,5–2,5 cm hohen Rippen ausgestattet. Die Areolen sind grau befilzt und tragen 8–12 Randdornen, die sternförmig angeordnet sind. Die 4 Mitteldornen sind kreuzförmig angeordnet, der untere ist 3,5 cm lang und 8 mm breit – daher die Bezeichnung Teufelszunge. Dieser untere Dorn ist quergefurcht und an der Spitze abwärts gekrümmt. Alle Dornen sind hellrot. Die Blüten haben eine sehr kurze Röhre, die schuppenförmigen Deckblätter sind breit und kahl. Die Blüten können weiß, rosa oder purpurviolett gefärbt sein. Die eiförmigen Früchte sind gelblich bis rötlich und sind noch lange Zeit von den Resten der Blüte umhüllt. In ihrer Heimat Mittelmexiko und Guatemala ist diese Art auf kalkhaltigen Böden sehr verbreitet. In Kultur verlangt sie nährstoffreiche Erde, viel Sonne und Wärme. Sie wächst sehr langsam. Vermehrt wird sie nur durch Samen. Viele Kakteenfreunde zählen die Ferokakteen zu den schönsten Kakteen.

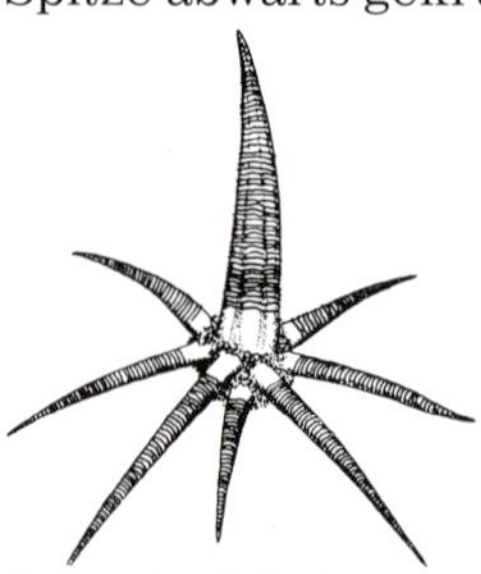

Ferocactus latispinus: Dornen.

Warzenkaktus [38] (*Mammillaria bocasana* 'Rosea') *CACTACEAE*

Der Warzenkaktus ist eine beliebte Art der umfangreichen Gattung *Mammillaria*, die neben den Opuntien zu den artenreichsten Kakteengattungen gehört. Es wurden Hunderte von Arten beschrieben, als eindeutig sind aber nur ungefähr 170 zu betrachten. Die Art gehört zu den kleineren Kugelkakteen, die sehr leicht Sprosse bildet, so daß im Alter vielköpfige Büsche entstehen. Der Körper ist etwa 4–5 cm groß, ganz von grauweißen feinen Dornen bedeckt, die auf kegelförmigen Warzen stehen. Die Anzahl der sehr feinen Randdornen ist mit 25–30 sehr groß. In der Mitte befindet sich ein 2 cm langer Dorn, der an der Spitze hakenförmig gebogen ist, und meistens rot oder bräunlich rot gefärbt ist. Die Blüten, die sich in den dichten Dornen fast verlieren, sind ca. 15 mm lang und 10 mm im Durchmesser. Sie sind hellrosa mit dunkleren rötlichen Streifen in der Mitte der Blütenblätter. Die Anzahl der Blüten ist immer groß. Dekora-

38

39

tiver als die Blüten sind wohl die Früchte, die 3–4 cm lang werden können. Sie sind leuchtend rot und bleiben lange an der Pflanze hängen. Die Samen sind braun und leuchtend.

Rebutia krainziana [39] CACTACEAE

Diese Art bildet ebenfalls sehr viele Sprosse, so daß bald eine große Gruppe gestaucht-kugeliger Körper von etwa 4 cm Durchmesser entsteht. Sie sind matt grün gefärbt und haben in kleine Warzen aufgelöste Rippen. Die großen Areolen sind weiß, dicht wollig mit 8–12 schneeweißen, kurzen, weichen Dornen. Im Frühjahr erscheint eine große Anzahl leuchtend roter Blüten mit gelblichem Schlund. Als Heimat dieser Rebutie wird Argentinien betrachtet. Sie wurde erst 1948 von dem bekannten Schweizer Gärtner Kesselring anhand eines Exemplars beschrieben, das angeblich der deutsche Kakteensammler Ritter mitgebracht hatte. In der freien Natur existiert sie wahrscheinlich nicht mehr. Beim Kultivieren in der Wohnung erfordert sie keine besondere Pflege, was für alle Rebutien charakteristisch ist. Sie wächst in normaler Erde bei entsprechender Wassergabe. Sie muß vor allzu intensiver Sonnenbestrahlung geschützt werden. Aus Kreuzungen mit anderen Arten der Gattung wurden weiß blühende Sorten gewonnen.

Felsenkaktus [40] (*Cereus peruvianus* 'Monstrosus') *CACTACEAE*

Wie alle Arten der Gattung zeichnet sich diese Pflanze durch einen langen, säulenförmigen Körper aus, der im Alter eine Höhe von 3 m erreichen kann. Er verzweigt sich stark, die jungen Triebe sind anfangs hellgrün, später nehmen sie eine blaugrüne Färbung an. Der Körper weist in der Regel 5–8 Rippen auf. Aus den weißlichen Areolen wachsen 4–7 Randdornen und 1–2 Mitteldornen hervor. Die Blüten, die sich nachts entfalten, sind reinweiß und groß, ungefähr 16 cm lang. Die Röhre ist in der Regel schuppenlos und kahl. In Kultur erschien diese Art schon 1576, aber an den ursprünglichen

40

41

Standorten ist sie nicht mehr bekannt. Sie wird oft in verschiedenen, monströsen Formen kultiviert (siehe Bild). Da der Felsenkaktus verhältnismäßig rasch wächst, verlangt er nährstoffreiche Erde, im Sommer reichlich Wasser und regelmäßiges Nachdüngen. Die Vermehrung kann sowohl durch Sproßglieder als auch durch Samen erfolgen. Die Samen keimen gut.

Lobivie [41] (*Lobivia famatimensis*) *CACTACEAE*

Dieser Kaktus weist einen fast kugeligen Körper auf, der nur um weniges höher als breit ist. Er wird nur 30–35 mm hoch. Der Scheitel ist flach, in der Mitte vertieft. Die Lobivie besitzt 24 graugrüne Längsrippen. Die Areolen sind weißfilzig und tragen an jeder Seite 6 weiche Dornen. Die Blüten sind im Vergleich zum Körper ziemlich groß, 3,5 cm lang. Bei den einzelnen Varietäten sind sie verschieden gefärbt, von weiß über gelborangefarben bis rot (auf der Abbildung sieht man die var. *haematacantha*) und stehen im oberen Drittel des Körpers. Die Staubblätter und der Griffel mit den Narben sind gelb, die fleischigen Früchte ungefähr 1–1,5 cm groß und ganz von hellbraunroten Haaren eingehüllt. Die Art ist in Nordargentinien beheimatet, wo sie im Gebirge wächst. In die Kultur wurde sie von dem berühmten Sukkulentenkenner Curt Backenberg eingeführt und wurde bald zu einer beliebten Art in den Kakteensammlungen. Das Kultivieren ist leicht, im Winter muß die Pflanze an einem kühlen trockenen Ort gehalten werden. Da sie leicht sproßt, wird sie meistens durch Triebe vermehrt, die entweder wurzelecht wachsen oder auf *Cereus* gepfropft werden.

42

Buckelkaktus [42] (*Notocactus ottonis*) *CACTACEAE*

Buckelkaktus (*Notocactus ottonis*): blühende Pflanze.

Er besitzt wie alle Arten dieser Gattung eine purpurrote Narbe. Der kugelige Körper hat einen Durchmesser von 5–6 (11) cm und weist 6–13 kaum hervortretende Rippen auf. An den Areolen befinden sich 8–15 gelbe Randdornen und 3–4 braune Mitteldornen. Die Blüten sind bis 6 cm groß, glänzend tiefgelb, und stehen kranzförmig am dicht bewollten Scheitel. Die Früchte sind verhältnismäßig klein. An ihnen haften noch lange Zeit die Überreste der Blütenhülle. Auf den Samen befinden sich kurze, trockene Anhangsgebilde (Strophiolen), während bei *Parodia*, einer nahverwandten Gattung, die Samen fleischige Strophiolen aufweisen. Auch die ökologischen Ansprüche sind unterschiedlich: Die Notocactusarten wachsen in ihrer Heimat an grasigen Stellen der niedrigen Lagen, die Parodien im Gebirge. Der Buckelkaktus ist in Südbrasilien, Uruguay, Paraguay und Argentinien natürlich verbreitet. Die abgebildete Pflanze ist eine Sorte, die unter dem Namen *N. ottonis* var. *vencluyanus* bekannt ist. Vom Typus unterscheidet sich die Variation durch ihre orangeroten Blüten.

Feigenopuntie [43] (*Opuntia ficus-indica*) *CACTACEAE*

Sie gehört zu den wichtigen Nutzpflanzen. Ihre großen Früchte sind fleischig und werden als Obst geschätzt. Die Stengel werden als Viehfutter verwendet. Sie stammt aus dem tropischen Amerika, wird aber inzwischen in der ganzen Welt kultiviert, z. B. im Mittelmeergebiet hat sie sich vollkommen eingebürgert. Typisch für die ganze Gattung *Opuntia* sind die gegliederten, oft flachen Stengel. Es werden 470 Arten angegeben und *Opuntia* ist neben *Mammillaria* die artenreichste Kakteengattung.

43

44

Goldopuntie [44] (*Opuntia microdasys*) *CACTACEAE*

Diese Art erreicht eine Höhe von 1 m, der Körper besteht aus zahlreichen flachen, eiförmigen Gliedern, die 15 cm lang und 10 cm breit sind. Sie sind sattgrün gefärbt. Die Areolen von 2 mm Durchmesser sind anfangs gelblich filzig, später bräunlich. Die Dornen (Glochiden) stehen in dichten Büscheln, sind sehr fein und beim Umpflanzen unangenehm, weil sie in der Haut steckenbleiben. Die Blüten werden fast 5 cm lang, sind goldgelb gefärbt, die Staubblätter gelb, der Griffel weißlich. Die Früchte sind kugelig, rot, etwa 4 cm im Durchmesser, die großen Samen dunkelgrau bis schwarz. Die Goldopuntie stammt aus Mexiko. Sie gehört zu den dekorativsten und beliebtesten Arten. Ihre Zucht ist nicht kompliziert. Sie braucht nährstoffreiche Erde, im Sommer reichliches Wasser und Sonne, auch im Winter einen hellen Standort, Trockenheit und Temperaturen von 5–8 °C. Die Vermehrung durch Samen ist zu langwierig, daher vermehrt man sie durch Stecklinge, indem man ein Glied abschneidet, es etwa eine Woche oder 10 Tage austrocknen läßt und dann in einen Blumentopf setzt. Beim Umpflanzen empfiehlt es sich, mit Lederhandschuhen zu arbeiten, denn die Glochiden können Entzündungen in der Haut hervorrufen.

45

Zwergcereus [45] (*Chamaecereus silvestrii*) CACTACEAE

Dieser Kaktus fehlt in fast keiner Kakteensammlung, da er anspruchslos ist und sehr reich blüht. Er sproßt sehr leicht und bildet dichte Büschel. Die einzelnen Pflanzen sind etwa 10 cm hoch und 1,5 cm im Durchmesser. Der weiche, zylindrische Körper läuft in 6–10 Rippen aus. Die Areolen weisen nur Randdornen auf, im ganzen 10–15; sie sind borstenartig und nur 0,2 cm lang. Die prachtvollen Blüten wachsen seitlich aus den Pflanzen hervor und werden über 7 cm lang. Ihre leuchtend zinnoberrote Färbung bildet einen hübschen Kontrast zu den gelben Staubblättern. Ursprünglich wächst dieser Zwergcereus in den Bergen Argentiniens. Um gut zu gedeihen braucht er durchlässige, humushaltige Erde, genügend Licht und im Winter einen kühlen und trockenen Standort. In der Sonne sind die Pflanzen rötlich überlaufen. In einer trockenen Umgebung werden sie leicht von Schädlingen befallen.

Die Art gehört zu den Kakteen, die sich leicht kultivieren lassen. Sie gedeiht im Fenster und im Sommer im Garten oder auf einer Terrasse. Da sie in ihrer Heimat eine Gebirgspflanze ist, braucht sie bei uns im Winter eine Trockenperiode. Es empfiehlt sich, die Pflanzen auch vorher teilweise austrocknen zu lassen, dann werden sie Frost gut vertragen. Zur Entwicklung der Blüten ist eine ausreichende Versorgung mit Nährstoffen, besonders Phosphor, notwendig.

Blattkaktus [46] (*Phyllocactus hybridus* 'Ackermanii') *CACTACEAE*

Er wird häufig kultiviert. Die ursprünglichen Formen waren Epiphyten, die an den Bäumen der tropischen Regenwälder emporkletterten. Deshalb verlangen sie auch in der Kultur große Feuchtigkeit.

46

47

Christusdorn [47] (*Euphorbia milii* 'Lutea') *EUPHORBIACEAE*

Diese Pflanze ist ein sehr dorniger Strauch mit sukkulenten, dicht verzweigten Stengeln. Die Dornen können bis 1,5 cm lang werden. Die hellgrünen Blätter sind verkehrt eiförmig, an der Basis keilförmig und ganz kahl. Die ganzen Blütenstände (Cyathien) der sehr kleinen, unauffälligen Blüten sind von zwei großen gelblichen Deckblättern umgeben, während bei der häufiger kultivierten Art die Deckblätter leuchtend rot sind. Diese Wolfsmilch gehört zu den schönen, gut gedeihenden Zimmerpflanzen. Sie verlangt das ganze Jahr über einen sonnigen Platz, am besten am Fenster, eine Mischung aus Kompost und Sand und in der Vegetationszeit reichlich Wasser. In der Ruheperiode von November bis Februar und etwa einen Monat nach dem Abblühen wird weniger gegossen. Die Art gedeiht ausgezeichnet in Wohnungen mit Zentralheizung. Man vermehrt sie leicht, indem man die Stengelspitze abschneidet, den ausfließenden Milchsaft austrocknen läßt und sie einpflanzt. Der Christusdorn stammt aus Madagaskar.

48

Echeverie [48] (*Echeveria* – verschiedene Arten) *CRASSULACEAE*

Echeveria ist eine sehr große Gattung aus der Familie *Crassulaceae*. Die Anzahl der Arten wird auf 150 geschätzt, zu denen man natürlich auch eine Reihe von Sorten rechnen muß, die schwer zu bestimmen sind. Wenn man den Echeverien einen trockenen Standort und niedrige Wintertemperaturen gewährleistet, sind sie sehr dankbare Zimmerpflanzen. Sie werden vor allem der dekorativen Blätter wegen gezogen, die sehr oft in Bodenrosetten angeordnet und stark fleischig sind. Manchmal sind sie grün, bläulich bereift oder silberweiß, in anderen Fällen durch ihre starke Behaarung rostbraun. Beliebt sind Arten, deren Blätter einen gewellten Rand aufweisen. Die Blüten sind in der Regel klein, angeordnet in traubenförmigen Blütenständen, die bis zu 60 cm hoch werden können. Die Farbe der Blüten ist unterschiedlich – weiß, rosa, orangerot, grünlich oder karminrot. Die Vermehrung der Echeverien erfolgt durch abgetrennte Blätter, die sich nach kurzem Antrocknen rasch in reinem Sand bewurzeln. Es können auch seitlich junge Blattrosetten abgetrennt werden. Langwieriger ist die Aufzucht aus Samen, die aber bei einer Temperatur von 18 °C rasch keimen. Das Verbreitungsgebiet der Gattung ist sehr groß und reicht von den südlichen Gebieten Nordamerikas über Mittelamerika bis nach Südamerika.

Echeveria gibbiflora [49] *CRASSULACEAE*

Typisch für diese Art sind die langen Stengel, die während eines Sommers bis zu 10 cm wachsen können, unter günstigen Bedingungen auch mehr. Die Blattrosetten sind

49

kugelig bis mäßig zylindrisch und bestehen aus etwa 20 Blättern. Die Blätter sind löffelförmig gebogen, verkehrt eiförmig, kurz gespitzt, an der Basis gekielt. Die auffallende graublaue Farbe der Blätter geht an den Rändern in Rosa über, in der Sonne in Rot. Sehr wirkungsvoll ist die Bereifung der Blätter. Die Blütenstände können bis 50 cm hoch werden und sind ebenfalls ganz bereift. Die Blüten sind etwa 25 mm lang, hellrot bis rosa. Aus Blattstecklingen oder abgetrennten Seitenrosetten erhält man sehr rasch neue Pflanzen. Die Art ist sehr widerstandsfähig, auch zum Auspflanzen in Steingärten während des Sommers geeignet.

Kotyledon [50] (*Cotyledon undulata*) *CRASSULACEAE*

Am auffallendsten an dieser Pflanze der Gattung *Cotyledon* (früher *Echeveria*) sind die kreideweiß bereiften, fleischigen, fast runden Blätter. Beim Berühren wird die Bereifung leicht abgewischt. Die verhältnismäßig großen, glockigen Blüten erscheinen endständig auf langen Blütenstengeln, die bis zu 45 cm hoch werden können. Sie sind orangerot gefärbt und stets nickend, d. h. nach unten gebeugt. Aus den Blüten ragen 10 Staubblätter heraus. Die Vermehrung dieser südafrikanischen Pflanze gelingt leicht durch Blätter oder Stengelstücke. Die Pflanze verlangt im Winter eine Temperatur von 10–15 °C und das ganze Jahr über genügend Licht und Luft.

50

Lebende Steine [51] (*Lithops pseudotruncatella* var. *volkii*) AIZOACEAE

Lithops bedeutet im Griechischen „Stein“, und wirklich erinnern die Pflanzen in Aussehen und Färbung an kleine Steine und verlieren sich fast, wenn sie sich in steiniger Umgebung befinden. Sie werden daher „lebende Steine“ genannt. Sie sind ein anschauliches Beispiel einer vollendeten Anpassung von Lebewesen an ihre Umwelt. Der Körper der Lithopsarten wird von zwei gegenständigen, fleischigen Blättern gebildet, die unten verwachsen sind und an der Spitze meistens abgeflacht öhrchenförmig erscheinen. In der Jugend befindet sich zwischen ihnen eine enge Querspalte, die sich allmählich vergrößert und in der die Blüten erscheinen. Alljährlich entwickelt sich ein Paar fleischiger Blätter, während die vorjährigen Blätter vertrocknen. Die Reste der alten Blätter und Blüten bleiben an der Basis der Pflanze stehen; es empfiehlt sich, sie zu entfernen. Für die Bestimmung der einzelnen Lithopsarten und -varietäten sind die Blütenfarbe, wie auch der Bau der Blätter und die Färbung ihrer Endflächen sehr wichtig. Es wurden mindestens 100 Arten beschrieben, von denen etwa 40 als gesichert gelten.

51

52

Für ein erfolgreiches Kultivieren dieser südafrikanischen Pflanzen ist durchlässige Erde unerläßlich, am besten ist eine Mischung aus verrotteter Lauberde, Sand und Bimsstein oder Gesteinsplitter. Außerdem brauchen sie trockene Luft und viel Licht. In der Ruheperiode – von Februar bis April – dürfen die Pflanzen nicht gegossen werden. In dieser Zeit entwickelt sich der neue oberirdische Teil der Pflanze, der Reservestoffe aus dem absterbenden vorjährigen Teil entnimmt. Mit dem Gießen, oder besser Besprühen der Erde, beginnt man im Mai. Gerade durch unvorsichtiges Gießen werden die Kulturen am meisten geschädigt. Die Blätter dürfen nicht naß bleiben, da sie sonst leicht faulen. Die Pflanzen der Gattung *Lithops* blühen meistens gegen Ende des Sommers und im Herbst. Sie vermehren sich gut durch Samen, die auch aus den eigenen Kulturen gewonnen werden können.

Lithops karasmontana var. *summitatum* [52] AIZOACEAE

Diese Art breitet sich rasch aus und bildet teppichartige Bestände. Der Körper wird 4 cm hoch und ist hellgrau gefärbt. Die Endflächen der Blätter sind glatt oder schwach gewellt, 15–25 mm im Durchmesser, rotbraun, mit einer netzförmigen Zeichnung. Die glänzend weißen Blüten sind bis 3,5 cm groß. Diese Art ist in den Bergen von Namibia beheimatet. Die Sämlinge blühen erstmals nach 3 Jahren, immer am Ende der Vegetationszeit. Die Blüten sind verhältnismäßig groß. Sie erreichen die Größe des ganzen Pflanzenkörpers. Wie bei allen Arten dieser Gattung entfalten sich die Blüten am Nachmittag.

Blühende Steine [53] (*Conophytum pearsonii*) AIZOACEAE

Diese Art ist ein Vertreter der größten Gattung innerhalb der Familie. Es werden an die 300 Arten angegeben. Manche von ihnen rechnet man zu den kleinsten blühenden Pflanzen. Die vorliegende Art bildet dichte, polsterartige Büschel, die aus kleinen, keulenförmigen, etwa 1,5 cm hohen Pflanzenkörpern bestehen. Zwei einander gegenüberstehende Blätter sind fast bis zur Spitze verwachsen, der Spalt ist nur 2–5 mm tief. In ihm erscheinen die rosavioletten Blüten. Die ganze Pflanze ist blaugrün gefärbt, nur rings um die Spalte befinden sich dunkle Flecken. Die Kultivierung ist nicht anspruchsvoll, erfordert aber gewisse Erfahrungen mit der Zucht. Die Pflanzen brauchen eine Ruhepause, die von Januar bis Juni dauert. In dieser Zeit wird nicht gegossen. Die Pflanzen schrumpfen ein und sehen dann nicht schön aus. Während der Ruhepause bildet sich im Inneren ein neues Blattpaar. Als geeignetes Substrat verwendet man eine Mischung aus Lauberde und grobem Sand. Gegossen wird sehr vorsichtig von September bis November, wenn sich die Pflanzen in der Wachstumsperiode befinden.

53

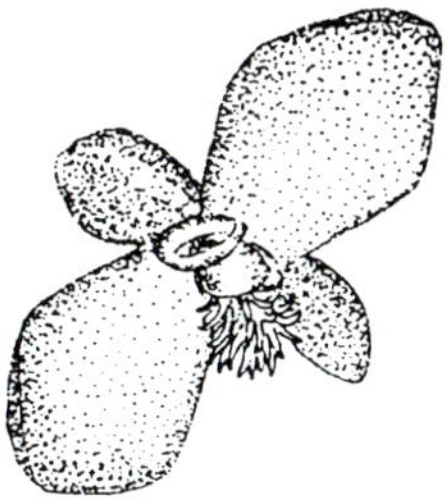

Steinhaufen (*Pleiospilos nelii*): die Pflanzen sind nicht von den Steinen zu unterscheiden.

54

Steinhaufen [54] (*Pleiospilos nelii*) *AIZOACEAE*

Diese Art ist eine Sukkulente, die ebenfalls stengellos ist. Sie besitzt 1–2 Paar kreuzweise gegenständiger, an der Basis verwachsener, sehr fleischiger, halbkugelförmiger Blätter. Sie sind graugrün mit vielen durchscheinenden, dunklen Punkten. Daher kommt auch der Name der Gattung, denn *pleios* heißt auf Griechisch „viel" und *spilos* „Punkte". Die Blüten können einen Durchmesser von 7 cm erreichen. Am häufigsten sind sie gelb bis lachsrosa gefärbt. Wenn man dieser Pflanze entsprechende Pflege angedeihen läßt, wird man durch schöne große Blüten, die eine ganze Woche lang halten, belohnt werden. Die Blüten entfalten sich am Nachmittag, vormittags sind sie eingerollt. Die Vegetationszeit dauert von Mai bis Juni. In dieser Zeit müssen die Pflanzen gegossen werden, vertragen aber keine ständige Nässe und niedrige Temperaturen. Im Winter müssen sie vollständig trocken gehalten werden, bei einer Temperatur von 10–15 °C. Als Erde ist eine Mischung aus Lauberde und Sand geeignet. Die Pflanzen brauchen das ganze Jahr über genügend Licht. Die Gattung *Pleiospilos* umfaßt 35 Arten, die in Südafrika verbreitet sind. Mit ihrer Körperform sind sie ihrer Umwelt vollkommen angepaßt, ähnlich wie die *Lithops*- und *Conophytum*-Arten, so daß sie mit vollem Recht als „lebende Steine" bezeichnet werden.

Kedrostis africana [55] CUCUCRBITACEAE

55

Kedrostis ist in unseren Wohnungen noch selten. Am auffallendsten ist ihr verdickter Wurzelkopf, der sog. Caudex. Sobald er die Erdoberfläche durchstößt, ergrünt er und weist eine äußerst seltsame Form auf. Er ist spindelförmig verdickt oder ähnelt einer höckerigen Kugel. Die Caudices wachsen ungewöhnlich rasch und können in einer Saison eine Höhe von mehr als 10 cm erreichen. Im Winter werden sie gereinigt (mit Wasser abgewaschen und von Wurzeln befreit) und ähnlich wie Kakteen in einem trockenen Keller bei einer Temperatur von 6–10 °C aufbewahrt. Ende Februar beginnen sie in der Regel zu treiben und werden wieder in Blumentöpfe gepflanzt. Bald wachsen Ausläufer. In dieser Zeit muß ausgiebig gegossen werden. An den Ausläufern entwickeln sich kleine, handförmig gelappte Blätter und Ranken. Es bilden sich auch Früchte, orangenfarbene, etwa 1 cm große Beeren, deren Form an einen Miniaturkürbis erinnert.

Haworthie [56] (*Haworthia cymbiformis*) LILIACEAE

56

Bestimmt kennt jedermann wenigstens eine Art der Gattung *Haworthia*. Die meisten der etwa 160 Arten sind dekorativ, und ihre Kultur ist nicht kompliziert. Typisch sind die dichten Rosetten, die aus dicken, oft mit kleinen weißen Warzen bedeckten Blättern bestehen. Die Warzen können entweder über die ganze Blattfläche verteilt oder in Reihen angeordnet sein. Die vorliegende Art hat 3–4 cm lange, 2–2,5 cm breite, dicke, kahle, oberseits eingesunkene, unterseits gewölbte und an der Spitze kielförmige Blätter. Alle Arten stammen aus Südafrika.

Kalanchoe [57] (*Kalanchoe erinacea*) *CRASSULACEAE*

Die Arten der Gattung *Kalanchoe* sind die beliebtesten Topfpflanzen der ganzen Familie *Crassulaceae*. Sie lassen sich einfach kultivieren und brauchen nur ausreichend Luft, Sonne und Feuchtigkeit sowie durchlässigen Boden. Sie gedeihen gut bei normaler Zimmertemperatur, die im Winter nicht unter 15 °C sinken sollte. Die Pflanze erfordert kein besonderes Substrat. Sein pH-Wert sollte 5,5–6 betragen, und die Erde sollte niemals vollständig austrocknen. Die Pflanzen werden jede Woche mit speziellem Kakteendünger nachgedüngt.

Die Arten stammen vorwiegend aus den Tropen der Alten Welt, vor allem von Madagaskar. Die Gattung umfaßt 150–200 Arten. Besonders dekorativ ist *K. erinacea*. Sie besitzt auffallend breite und flache, an der Basis keilförmige, an der Spitze gestutzte grauweiße Blätter, deren Farbe einen wunderschönen Kontrast mit den flammend roten Blüten bildet. Diese weisen einen kleinen vierzähligen Kelch, eine verwachsene, ebenfalls aus vier Blättern bestehende Krone und 8 Staubblätter auf.

57

Kalanchoe manginii [58] CRASSULACEAE

58

Die Art ist ein sukkulenter Halbstrauch, der aus dem Süden Madagaskars stammt. Sie ist eine sehr dekorative Pflanze für helle, luftige und kühlere Standplätze (8–10 °C). Da sie sich nicht stark verzweigt, empfiehlt es sich, etwa 3 Pflanzen in ein Gefäß zu setzen. Die Vermehrung erfolgt durch Triebstecklinge, Blätter oder Samen.

Die fleischigen Blätter sind am Rande gezähnt, sitzend, aber nicht stengelumfassend. Der Rand der Kelchblätter ist gelb gesäumt. Auffallender sind jedoch die viel größeren gelblichen Kronzipfel.

59

Storchschnabel [59] (*Pelargonium tetragonum*) *GERANIACEAE*

Diese Pflanze ist eine sukkulente Art. Sie ist ein Halbstrauch, der in seiner Heimat Südafrika bis zu 70 cm hoch wird. In der Wohnung schneidet man ihn aber zurück, damit er niedriger bleibt und sich mehr verzweigt. Interessant sind die Stengel, die stark fleischig, drei- bis vierkantig und kahl sind. Die fünflappigen Blätter sind an der Basis herzförmig, am Rand unregelmäßig gezähnt. Am Ende der Vegetationszeit gönnt man den sukkulenten Pelargonien viel Licht (sie vertragen auch direktes Sonnenlicht), Wärme und ausreichend Wasser.

Pelargonium echinatum [60] *GERANIACEAE*

Diese Art ist ebenfalls sukkulent. Der Stengel ist aufrecht, wenig verzweigt und holzig. Charakteristisch sind die dornigen, 5 mm langen Nebenblätter. Die Blätter sind drei- bis fünflappig, an der Basis herzförmig, an den Rändern gewellt und mit weißen Haaren bedeckt. In der Ruhezeit fallen sie ebenfalls ab. Die Blüten sind hellviolett, zwei Kronblätter haben kräftig karminrote Flecken. Wie alle Pelargonien stammen sie aus Südafrika.

60

Krauser Storchschnabel [61] (*Pelargonium crispum*) *GERANIACEAE*

61

Diese strauchige Pelargonie stammt aus den südwestlichen Gebieten des Kaplandes. Sie wird etwa 60 cm hoch und verzweigt sich stark. Die Blätter sind verhältnismäßig klein, kurzgestielt, am Grunde meist keilförmig, an den Rändern auffallend kraus und unregelmäßig gezähnt. Die Blüten sind violett und stehen meist in Gruppen zu 2–3. Da die Blätter beim Berühren oder Zerreiben einen angenehmen Geruch verbreiten, ist die Art als Zimmerpflanze beliebt.

Agave [62] (*Agave americana* 'Aureomarginata') *AGAVACEAE*

Die Gattung *Agave* gehört zu den interessanteren Sukkulenten. Es wurden über 300 Arten beschrieben, die vom Süden Nordamerikas über Mittelamerika bis nach Südamerika verbreitet sind. Für die Bewohner dieser Gebiete, vor allem die mexikanischen Indianer, stellen viele dieser Arten wichtige Nutzpflanzen dar. Sie liefern sehr feste Blattfasern, den Sisal, der zum Herstellen von Seilen, Säcken, Matten und Papier dient. Aus erblühten Pflanzen werden die Getränke Pulque und Tequila zubereitet, die Wurzeln nutzt man zur Seifenproduktion.

Als Zimmerpflanzen werden mehrere kleinere Arten gezogen, so *A. victoriae-reginae*, deren Rosetten aus vielen dicken Blättern mit weißen, strichförmigen Streifen bestehen oder *A. potatorum* var. *verschaffeltii*, deren weißlich graue Blätter in eine große Spitze auslaufen und an den Rändern mit kurzen roten Stacheln besetzt sind. *A. americana* gehört zu den größeren Arten. Im Sommer wird sie meist auf Balkons, Terrassen oder im Garten aufgestellt, im Winter bringt man sie in einen kühleren Raum mit einer Temperatur von 10–15 °C. An das Substrat stellt sie keine besonderen Ansprüche, am besten geeignet ist eine durchlässige Mischung aus grobem Sand, Einheitserde und Lehm. Nach mehreren Jahrzehnten kann sich ein Blütenstand entwickeln, der eine Höhe von 5–8 m erreicht. Die Pflanze blüht aber nur ein einziges Mal und stirbt nach dem Verblühen ab. In Kultur wird sie nur selten durch Samen vermehrt, in der Regel aber vegetativ durch Seitentriebe, die sich in großer Zahl an der Pflanze entwickeln.

Für die abgebildete Sorte 'Aureomarginata' sind gelbe Streifen an den Blatträndern charakteristisch.

62

Agave parviflora [63] AGAVACEAE

63

Diese Art gehört zu den kleinsten und hübschesten Arten der Gattung *Agave*. Ihre Rosetten bestehen aus leicht gekrümmten, etwa 7 cm langen, dicken Blättern. Am Grunde sind sie dreieckig verbreitert, an den Rändern fein gezähnt, und die Spitze läuft in einen rotbraunen Stachel aus. Auffällig sind die langen weißen Fasern, die von den Blättern abstehen. Die schlanken Blütenstände können bis 1,5 m hoch werden, die Blüten sind nur 15 mm lang.

Dickstamm [64] (*Pachyphytum oviferum*) *CRASSULACEAE*

Die Pflanze erinnert an manche Arten der Gattung *Echeveria*. Sie hat einen kurzen starken Stengel mit großen, auffälligen Blättern, die stark fleischig, verkehrt eiförmig, 3–5 cm lang, bis 1,5 cm dick und bläulich bereift sind. Im Frühjahr erscheinen die überhängenden, leicht grünlichen Blüten mit rosa Schlund. Die Art ist die bekannteste unter den 8 Arten der Gattung *Pachyphytum*. Alle sind in Mexiko verbreitet. Als Zimmerpflanze ist diese Art selten, auch bei den Sukkulentenliebhabern ist sie nicht oft zu finden. Eigentlich verdient sie größere Beachtung. Sie verlangt nur einen luftigen, hellen Platz bei normaler Zimmertemperatur, im Winter am besten 5–10 °C. Gegossen wird nur, wenn das Substrat ausgetrocknet ist. Beim Umpflanzen muß man vorsichtig vorgehen, um die Bereifung der Blätter nicht abzuwischen. Man topft alle zwei Jahre im Frühjahr um. Die Vermehrung erfolgt durch Blätter, die man nach dem Abtrennen von der Mutterpflanze austrocknen läßt und auf die Erdoberfläche legt, wo sie sich bald bewurzeln. Man pflanzt sie in kleine Blumentöpfe mit lehmiger Erde.

64

65

Adenium [65] (*Adenium obesum*) *APOCYNACEAE*

Früher wurde dieser niedrige Strauch in Wohnungen nur ab und zu kultiviert, weil er meistens nicht blühte. Erst nach Pfropfen auf Oleander erhielt man reich blühende Exemplare. Die Stämmchen sind meistens krumm, und an ihren Gipfeln stehen gehäuft die verkehrt eiförmigen, 3–10 cm langen und 3 cm breiten Blätter, die oberseits stark glänzend, unterseits matt grün, anfangs schwach behaart, später kahl sind. Die rosa Blüten sind in Dolden angeordnet, die Kronblätter haben dunkler gefärbte Ränder. Um zu blühen, brauchen die Pflanzen viel Licht während des ganzen Jahres. Sie gedeihen bei normaler Zimmertemperatur. Da sie nachts niedrigere Temperaturen vertragen, kann man sie im Sommer im Freien an einen geschützten Ort stellen. Während des ganzen Jahres mit Ausnahme des Winters sollte reichlich gegossen werden. Beheimatet ist diese *Adenium*-Art in Südafrika und reicht von dort bis in den südlichen Teil der Arabischen Halbinsel.

66

Gasterie [66] (*Gasteria verrucosa*) *LILIACEAE*

Ein typisches Merkmal dieser Art sind die zweizeilig angeordneten dunkelgrünen Blätter. Sie sind fleischig, 15–20 cm lang, zugespitzt, oberseits gefurcht, unterseits gekielt und beiderseits mit weißen Warzen besetzt. Die Trauben der rotgrünen, dreizähligen Blüten sind achselständig und weisen auf die Zugehörigkeit der Gasterie zur Familie der Liliengewächse hin. Der Name *Gasteria* ist auf den bauchig verbreiterten, unteren Teil der Blütenröhre zurückzuführen (*gaster* bedeutet griechisch „Bauch"). Die Gasterie ist eine der ältesten und beliebtesten Zimmerpflanzen. Als Zierpflanze kam sie schon 1700 nach Europa. Beheimatet ist sie in Südafrika. Die Zucht ist einfach. Die Pflanze verträgt volles Sonnenlicht, sowohl im Sommer als auch im Winter. Sie gedeiht gut bei Zimmertemperatur, im Winter möglichst um 10 °C nach der Temperatur. Da die Pflanze rasch sproßt, läßt sie sich leicht vermehren. Nach dem Abtrennen von der Mutterpflanze wird der Sproß in durchlässige, sandige Erde gepflanzt. Die Gattung umfaßt etwa 70 Arten, deren Bestimmung ziemlich kompliziert ist, denn zwischen den jungen und den älteren Pflanzen bestehen beträchtliche Unterschiede.

Elefantenfuß [67] (*Testudinaria elephantipes*) *DIOSCOREACEAE*

Diese Art wurde ursprünglich der überwiegend in den Tropen und Subtropen bekannten Gattung *Dioscorea* zugeordnet. Viele Arten sind Nutzpflanzen. Sie bilden in der Erde große, stärkehaltige Knollen, die wie Kartoffeln verwendet werden. Die vorliegende Art fällt durch ihren riesigen Wurzelstock auf, der von sehr dicken 6–7eckigen Korkhöckern bedeckt ist. Die Stengel sind lang, verzweigt, mit wechselständigen Blättern, deren nierenförmige Spreiten eine charakteristische verlaufende Nervatur haben. Im Winter zieht die Pflanze die oberirdischen Teile ein und wünscht Temperaturen von möglichst 15–18 °C. Während des Treibens im März bis April muß die Temperatur erhöht werden. Anfangs wird sehr vorsichtig gegossen, während der Hauptwachstumszeit ziemlich ausgiebig. Der Lichtbedarf ist hoch. Die Pflanze stammt aus Südafrika.

67

Elefantenohr [68] (*Haemanthus albiflos*) *AMARYLLIDACEAE*

Die Art stammt aus Südafrika und wurde zu einer beliebten Zimmerpflanze. Dicht über der kleinen, zusammengedrückten Zwiebel sprießen 2–4 Blätter heraus, die immergrün, fleischig, 15–20 cm lang und kahl, nur an den Rändern behaart sind. An der Spitze des dicken Schaftes entwickelt sich ein dichter, fast kugeliger Blütenstand, der am Grund von grünen Deckblättern umgeben ist. In den Blüten sind die langen Staubblätter mit weißen Staubfäden und gelben Pollensäkken am auffallendsten. Die Früchte sind rote Beeren. Diese Pflanze bietet einen interessanten Blickfang. Sie verlangt die gleiche Behandlung wie andere Sukkulenten. Am besten gedeiht sie am Fenster, im Winter bei einer Temperatur von etwa 10 °C. Als Substrat kann Einheitserde mit Sand und Lehm empfohlen werden, der pH-Wert soll etwa 6 betragen. Im Sommer muß ausreichend gegossen

68

69

werden, im Winter nur wenig, allerdings darf das Gießen nicht ganz eingestellt werden.

Flammendes Käthchen [69] (*Kalanchoë blossfeldiana*) *CRASSULACEAE*

Meistens hat diese Pflanze blutrote Blüten, durch Züchtung sind aber auch Sorten mit cremefarbenen, gelblichen oder violetten Blüten entstanden. Sie verlangt viel Sonne und auch im Winter genügend Licht. Da sie in den Wintermonaten blüht, muß sie auch in der kalten Jahreszeit genügend gegossen werden. Die Art stammt ursprünglich aus Madagaskar.

Tradeskantie [70] (*Tradescantia sillamontana*) *COMMELINACEAE*

Die meisten Arten der Gattung sind dadurch bekannt, daß man sie statt in Erde nur in Wasser zieht und an Wänden u. a. aufhängt. Die vorliegende Art unterscheidet sich aber auffallend von ihnen, denn es handelt sich um eine sukkulente Tradeskantie. Sie stammt aus Mexiko, wo sie in Form dichter, niedriger Polster mit einem Durchmesser von 10–15 cm wächst. Die nur 5–6 cm langen Triebe sind dicht behaart. Die Zierde der Pflanze sind ihre zahlreichen Blätter, um derentwillen sie kultiviert wird. Sie sind etwa 2 cm lang, zweizeilig angeordnet und umfassen den Stengel scheidenförmig. Sie sind unterseits scharf gekielt und zugespitzt. Die grüne Färbung ihrer Oberfläche wird durch dichte weiße Haare überdeckt. Die Blüten haben einen haarigen, dreiblättrigen Kelch und drei große rosaviolette Kronblätter. Aus den Blüten ragen 6 Staubblätter mit

70

großen gelben Staubbeuteln und violetten Staubfäden hervor. Leider begegnet man dieser Tradeskantie in Wohnungen nicht so oft, wie sie es verdient hätte. Viel häufiger trifft man die Art *T. albiflora* mit grünen Blättern und weißen Blüten.

Ordensstern [71] (*Stapelia gigantea*) *ASCLEPIADACEAE*

Die Stapelien sind südafrikanische Pflanzen mit kurzen fleischigen Stengeln, die sich oft verzweigen, so daß sie rasenförmige Bestände bilden können. Eine Zierde sind ihre großen Blüten, die aus der Stengelbasis, nur selten an der Spitze, wachsen. Eine unschöne Eigenschaft ist aber ihr unangenehmer Geruch. Sie werden daher auch Aasblumen genannt. Die Stapelien sind völlig anspruchslos. Sie gedeihen sowohl in der Sonne als auch im Halbschatten, in schwerem lehmigem Boden, wie in leichtem Sandboden. Entweder bringt man sie im Winter an einen kühlen Platz und gießt nur hin und wieder, damit sie nicht zu stark austrocknen, oder man beläßt sie am ursprünglichen Platz und gießt im selben Maße weiter. Die Stengel der Pflanze sind an den Kanten geflügelt und tragen sehr kleine, weit auseinanderstehende Zähnchen. Die langgestielten Blüten erreichen einen Durchmesser von 35 cm. Die Kronblätter laufen in eine sehr schmale, lange Spitze aus; sie sind hellgelb mit kurzen, welligen schwarzen Querstreifen. Die Vermehrung ist leicht, sie erfolgt entweder vegetativ oder durch Samen. Im ersteren Fall werden Stengelglieder voneinander getrennt und einige Tage ausgetrocknet. Dann pflanzt man sie in Erde. Die Samen keimen bei 20–25 °C.

71

72

73

Stapelia grandiflora [72] *ASCLEPIADACEAE*

Die vierkantigen Stengel sind sehr fein behaart und an den Kanten mit entfernt stehenden, stacheligen Zähnen bewehrt, die mit schuppenförmigen, bald abfallenden Blättchen versehen sind. Die Blüten mit einem Durchmesser von etwa 15 cm sind flach, mit kurzer, zottiger Röhre. Die Kronblätter sind dreieckig, oberseits dunkel purpurrot, mit gelblichen Querstreifen, unterseits blaugrün.

Orbea variegata [73] *ASCLEPIADACEAE*

Diese Pflanze läßt sich sehr leicht mit den anderen Arten kreuzen. Sie bildet große Büschel fleischiger, grüner oder graugrüner, oft rötlicher Stengel. Die Blüten können zu fünft stehen, und ihr Durchmesser beträgt 5–9 cm. Die breit eiförmigen, gelb- und braungefleckten Kronblätter sind stumpfgespitzt, mit Querschwielen so ausgestattet, daß sie wie runzelig aussehen. Die Pflanzen blühen vom Ende des Sommers bis Herbstbeginn.

Kapitel 3

ORCHIDEEN

Paphiopedilum insigne [74] hat hellgelbe, braungefleckte, am Rand weißliche Kronkelchblätter.

Die Orchideen werden meistens mit üppiger Tropenvegetation in Verbindung gebracht, aber viele Arten wachsen nicht nur in den Subtropen, sondern ebenso in kühleren Gebieten, sogar jenseits des nördlichen Polarkreises. Die Orchideen bilden eine der reichsten Familien des Pflanzenreiches. Die verschiedenen Arten unterscheiden sich nicht nur durch ihre äußere Gestalt voneinander, sondern auch durch ihre Lebensweise. Manche sind gar chlorophyllfrei und wachsen zeitlebens in Symbiose mit Pilzen. Diese Erscheinung trifft für alle Orchideen zu, besonders in den frühen Entwicklungsphasen, während der Keimung. Wahrscheinlich liegt der Nutzen im Übertragen von Enzymen, ohne die die praktisch keine Reservestoffe enthaltenden Samen nicht auskeimen könnten. Die Pilzfäden dringen in die Wurzelzellen der Orchideen ein und vermehren sich dort. Die Pflanzenzellen nehmen den Inhalt der Pilzfäden auf und erhalten so die vom Pilz gespeicherten, nötigen Wuchsstoffe. Bei ausgewachsenen Orchideen, die über eine genügend große Blattfläche verfügen und sich selbst ernähren, hört die Abhängigkeit von Pilzen rasch auf. Chlorophyllfreie Orchideen sind aber während des ganzen Lebens von der Symbiose mit Pilzen abhängig.

Manche Orchideen leben epiphytisch, das heißt, sie wachsen zwar auf der Oberfläche anderer Pflanzen, schmarotzen aber nicht von ihnen. Andere Arten wachsen auf dem Boden (terrestrisch). Viele von ihnen weisen Rhizome oder Wurzelknollen auf, anderen fehlen die Wurzeln ganz. Die Stengel sind aufrecht oder überhängend, gegliedert oder gliederlos, beblättert oder ohne Blätter. Das Schöne auf Orchideen sind ihre Blüten, die immer nur eine Symmetrieebene aufweisen. Der Fruchtknoten ist unterständig und reift zu einer Kapsel heran.

Venusschuh [74, 75] (*Paphiopedilum insigne*) 'Harefield' und 'Sanderae Hall' *ORCHIDACEAE*

Das Auffallendste an der Blüte ist die Lippe, die einem Pantoffel ähnelt. Der Blütenschaft wächst aus einer mehrjährigen Blattrosette hervor. Es handelt sich um Erdorchideen, die in den Tropen und Subtropen Südostasiens verbreitet sind. Man unterscheidet etwa 50–60 Arten mit sehr vielen Sorten. Der Venusschuh stammt aus dem Himalaja. Er blüht von Herbst bis Frühjahr. Der Durchmesser der Blüten beträgt bis zu 100 mm.

75

76

Paphiopedilum concolor [76] *ORCHIDACEAE*

Die Art ist in Vietnam, Thailand und Burma beheimatet. Die Blattrosette wird aus dunkelgrünen Blättern gebildet, die oberseits graugrün marmoriert und unterseits rotbraun sind. Der meist einblütige Schaft ist dicht rostfarben behaart und bis 100 cm hoch. Die Blüten sind 6–8 cm breit, ockergelb und violett gefleckt. Sie sind sehr haltbar, an der Pflanze blühen sie 6–10 Wochen, abgeschnitten in der Vase nur unwesentlich kürzer. Die Pflanzen gedeihen in einer Mischung aus Königsfarnwurzeln, lebendem Torfmoos, zerriebener Rinde und trockenen Eichenblätterschnitzeln. Das Substrat mischt jeder Blumenfreund nach seinen eigenen Erfahrungen, alle Mischungen müssen aber durchlässig sein. Da Venusschuhorchideen keine Pseudobulben als Speicherorgane (und somit auch keine damit verbundene Ruhepause) haben, darf das Substrat niemals austrocknen. Die Temperatur des Standortes ist von Art zu Art unterschiedlich. Venusschuhorchideen mit marmorierten Blättern sind anspruchsvoller in Bezug auf die Temperatur.

Stanhopea oculata [77] ORCHIDACEAE

Diese Orchidee ist im tropischen Amerika, wo sie als Epiphyt in Baumkronen wächst, natürlich verbreitet. Im Treibhaus oder zu Hause zieht man sie in Hängekörbchen oder durchlöcherten Gefäßen, da ihr Blütenstand das Substrat Richtung Boden durchwächst. Die dekorativen, betäubend duftenden Blüten haben zurückgebogene gelbe Kronkelchblätter mit feinen violetten Tupfen; die Lippe weist eine bizarre Gliederung auf und hat zwei große, dunklere Flecken. Die Blütenstände bestehen aus bis zu 10 Blüten, die fast 35 cm lang werden. Dekorativ sind auch die großen Blätter. Die Pflanze blüht vom Ende des Sommers bis zum Herbst, die einzelne Blüte blüht jedoch nur zwei Tage.

77

78

Paphiopedilum callosum [78] *ORCHIDACEAE*

Diese aus Thailand stammende Art ist wärmeliebend, was bedeutet, daß sich die Temperatur in Kultur um 22–26 °C bewegen sollte, ausreichend sind aber auch 18–22 °C. Die Pflanzen haben marmorierte Flecken auf den Blättern und am 25–30 cm hohen Blütenschaft, der 1–2 Blüten, 8–12 cm breit, trägt.

Auffallend sind die violetten Längsstreifen auf dem obersten Kronkelchblatt, während die beiden seitlichen, schräg abwärts gerichteten Blumenblätter typische braunschwarze, behaarte Warzen aufweisen. Diese dekorativen Blüten halten 8–10 Wochen an der Pflanze aus.

Schmetterlings-Schwielenorche [79] *ORCHIDACEAE*
(*Psychopsis papilio* syn. *Oncidium papilio*)

Sie ähnelt in Form und Farbe wirklich einem exotischen Schmetterling (lateinisch bedeutet *papilio* „Schmetterling"). Während bei manchen Oncidien die Pseudobulben reduziert sind oder gänzlich fehlen, sind sie hier gut entwickelt. Aus jeder wächst ein 15–18 cm langes, schwach rötlich geflecktes Blatt hervor. Auf dünnen, festen Stielen erscheinen Blüten mit etwa 8 cm Durchmesser. Auffallend sind die drei linearen,

79

aufwärtsstehenden, bis 12 cm langen Blätter. Die Art ist wärmeliebend und wird wie die Cattleyen kultiviert. Sie wächst in Venezuela, Peru, Ecuador, Kolumbien und auf Trinidad.

80

Stanhopie [80] (*Stanhopea hernandezii*) *ORCHIDACEAE*

Diese Art hat die größten Blüten innerhalb der Gattung. Sie erreichen eine Länge von 16 cm und verströmen einen berauschenden Duft. Die zurückgeschlagenen Kronblätter sind gelblich weiß mit auffallend großen braunvioletten Flecken, die oft ineinanderfließen. Ihre ursprüngliche Heimat ist Mexiko. Wegen ihrer Anspruchslosigkeit und der dekorativen Blüten wird sie häufig kultiviert. Nachteilig ist die leider nur kurze Blühdauer (1–2 Tage). Am besten hat sich das Pflanzen in Hängekörbchen bewährt, denn die überhängenden Blütenstände durchwachsen das Substrat in Richtung Boden.

Gelbblatt [81] (*Cirrhopetalum medusae*) *ORCHIDACEAE*

Diese attraktive Orchidee weist einen dicken, kugeligen Blütenstand auf. Die kleinen weißen Blüten haben seitlich fadenförmige, bis zu 10 cm lange Kronkelchblätter. Die Pseudobulben sind etwa 4 cm groß. Die Art ist in Malaysia und auf den Großen Sundainseln heimisch.

In Kultur verlangt sie Wärme und ausreichende Luftfeuchtigkeit. Am besten gedeiht sie, wenn sie an einem Epiphytenstamm befestigt wird.

82

Miltonie [82] (*Miltonia*-Hybriden) *ORCHIDACEAE*

Die Miltonien sind tropische, epiphytische Orchideen mit zwei ursprünglichen Verbreitungszentren, Brasilien und Kolumbien. Sie besitzen kurze Pseudobulben, aus denen meistens zwei Blätter und später ein aufrechter Schaft mit einer nicht besonders großen Blütentraube hervorwachsen. Die einzelnen Blüten schillern in allen Farben. Typisch für die Blüte der Miltonien sind die flachen und fast gleichartig gestalteten Kronkelchblätter.

Um die Pflanzen richtig kultivieren zu können, muß man wissen, woher die Art stammt, denn die brasilianischen Arten erfordern andere Pflegebedingungen als die kolumbianischen. Zu den ersteren gehören z. B. *M. anceps* und *M. candida*, die im Sommer einen gut temperierten und beschatteten Standort und reichlich Wasser brauchen und deren Substrat in der Ruheperiode feucht gehalten werden muß. Die zweite Gruppe (z. B. *Miltoniopsis vexillaria* und *M. phalaenopsis*) ist kälteliebender (sie wird bei Temperaturen um 18 °C gezüchtet). Die Hybriden werden ähnlich gezogen, denn sie sind nicht anspruchsvoll. Die Miltonien sind in Kultur äußerst bezaubernde Orchideen, zum Schnitt eignen sie sich aber nicht, da die Blüten innerhalb weniger Stunden welken. Manche Arten werden in die selbständige Gattung *Miltoniopsis* eingereiht.

Cattleya [83] (*Cattleya*-Hybriden) *ORCHIDACEAE*

Cattleya-Hybr.: eine Kulturweise dieser Orchidee.

Cattleya ist eine südamerikanische Gattung mit 40–50 Arten, sowie Hunderten von Varietäten und Formen und einer Vielzahl Hybriden, sowohl natürlichen als auch künstlichen. Man unterscheidet zwei Gruppen. Zur ersten werden wärmeliebende Arten gezählt, bei denen aus den Pseudobulben zwei Blätter hervorwachsen („bifoliater“ Typus, z. B. *C. intermedia*). Ihre Blüten sind kleiner und zahlreicher und entfalten sich ohne Ruhepause nach der Entwicklung der Pseudobulben. Zur zweiten, „unifoliaten“ Gruppe gehören Cattleyen, die eine Ruheperiode zwischen dem Reifen der Pseudobulben und der Entwicklung des Blütenstandes brauchen (z. B. *C. labiata*). Das Umtopfen erfolgt am besten nach 4 Jahren zwischen März und Juni, wenn neue Wurzeln und Triebe gebildet werden. Die alten Pseudobulben, die weder Blätter noch Wurzeln haben, werden entfernt. An der Pflanze beläßt man mindestens drei gesunde Pseudobulben.

83

84

Cattleya [84] (*Cattleya intermedia*) *ORCHIDACEAE*

Cattleya intermedia auf einem Stamm.

Die großen, prachtvollen Blüten und ihre lange Blühdauer sind der Grund für die große Beliebtheit dieser Art unter Orchideenfreunden. Typisch sind die großen, schmalen Pseudobulben mit zwei Blättern und ein aus 2–8 Blüten bestehender Blütenstand. Die Pflanze blüht praktisch fortwährend vom Frühjahr bis zum Herbst. Sie ist in Brasilien natürlich verbreitet. Die Sorte 'Alba' unterscheidet sich von der ursprünglichen Art nur durch die weißen Blüten. Kultiviert werden die weißblütige Cattleya und die ursprüngliche Art in gleicher Weise. Im Winter genügt den Pflanzen eine Temperatur von 18–23 °C, nachts 13–16 °C. Sie verlangen viel frische Luft, die zirkulieren sollte. Im Frühjahr soll eine Temperatur um 20–27 °C aufrechterhalten werden und übermäßiger Sonnenbestrahlung soll durch Beschattung vorgebeugt werden. Im Sommer muß viel gelüftet werden, auch nachts, und die Temperatur sollte nicht unter 30 °C sinken. Zur Zeit des Wachstums darf die Pflanze nicht austrocknen. Zum Gießen verwendet man niemals hartes Wasser. Auch im Winter soll die Luftfeuchtigkeit mindestens 50 % betragen.

In den amerikanischen Tropen haben sich die Arten der Gattung *Cattleya* an zwei verschiedene Perioden angepaßt: an die Regenzeit, in der sie Reservestoffe speichern und die Trockenzeit, in der sie von den in der feuchten Jahreszeit angelegten Reserven leben.

Ihren Namen verdanken diese Orchideen dem englischen Gärtner und Botaniker W. Cattley.

85

Cattleya-Hybriden 'Golden Joy' [85] *ORCHIDACEAE*

Diese seltene Sorte zeichnet sich durch die ungewöhnliche Farbkombination der Kronkelchblätter und die gewellte Lippe aus. Eindrucksvoll ist auch die Größe der Blüten.

Kahnorche [86] (*Cymbidium*-Hybriden) *ORCHIDACEAE*

In Wohnungen lassen sich die Cymbidien sehr leicht ziehen. Da sie vorwiegend terrestrisch leben, ergeben sich keine Schwierigkeiten bei der Kultivierung in Blumentöpfen. An das Substrat stellen sie keine besonderen Anforderungen. Viele Cymbidien sind kälteliebend, so daß auch die Sorge um die Aufrechterhaltung höherer Temperaturen entfällt. Während der Ruhepause nach dem Abblühen ist eine Temperatur von 10–16 °C am vorteilhaftesten. Schwierigkeiten bereitet manchmal ihr allzu starker Wuchs, denn die Pflanzen können eine Höhe von 1 m erreichen, und die Blätter werden bis 70 cm lang. Aus diesem Grund bemühen sich die Gärtner um die Züchtung niedrigerer Formen. Die Cymbidien weisen meistens ein sehr kurzes, dicht belaubtes Stämmchen, ledrige Blätter und in Ähren angeordnete Blüten auf. Sie eignen sich sehr gut zum Schnitt, denn die Blüten sind sehr haltbar. Die Gattung *Cymbidium* umfaßt etwa 50 Arten, die von Madagaskar über Indien bis nach Japan und im Süden bis nach Australien verbreitet sind.

86

Malaienblume [87] (*Phalaenopsis amboinensis*) *ORCHIDACEAE*

Die epiphytische Orchideengattung *Phalaenopsis* umfaßt 40–50 Arten. Sie sind in einem riesigen Gebiet verbreitet, das von Indien über Malaysia, die Philippinen, Neuguinea bis nach Nordaustralien reicht. Pseudobulben sind nicht vorhanden, auch die Ausbildung des Stämmchens ist stark unterdrückt. Die Blätter sind ledrig. Die Kronkelchblätter sind entweder gleich groß, oder die inneren Kronkelchblätter sind größer. Die Arten der Gattung *Phalaenopsis*, die in der Natur auf Baumstämmen bei Beschattung und genügender Luftfeuchtigkeit wachsen, sind gegen Austrocknen des Substrates und niedrigere Temperaturen sehr empfindlich. Im Winter brauchen sie 17–21 °C und der Wurzelballen muß ständig naß sein. Vom Frühjahr an muß die Temperatur erhöht werden, im Sommer soll sie bei Beschattung 28 °C betragen, nachts sollte sie nicht unter 20 °C sinken. Die Pflanzen gedeihen in Körben oder durchlöcherten Blumentöpfen in einer Mischung aus Königsfarnwurzeln, lebendem Torfmoos und zerriebenen Buchenblättern. Gegossen werden darf nur mit weichem Wasser. Die Luftfeuchtigkeit sollte mindestens 60 %, besser 70 % betragen. Die angeführte Art ist von niedrigem Wuchs mit einer Rosette kleiner Blätter. Die Blüten sind weiß und jedes Kronkelchblatt hat einen hellrosa Querstreifen. Sie stammt von den Molukken.

Vanda [88] (*Papilionanthe teres* syn. *Vanda teres*) *ORCHIDACEAE*

Die *Vanda*-Arten erkennt man leicht auch in nicht blühendem Zustand, denn sie haben bis 1 m lange, aufrechte Stengel, wechselständige Blätter und zahlreiche Luftwurzeln. Die Kronkelchblätter sind alle fast gleich. Zur Basis hin verschmälern sie sich nagelförmig. Die Lippe weist einen kurzen Sporn auf, der mittlere Lappen ist nierenförmig. Heute unterscheidet man etwa 27 Arten, die von Indien bis nach Neuguinea verbreitet sind. Die abgebildete Art verträgt direktes Sonnenlicht gut und braucht nur in den heißesten Sommertagen leichte Beschattung. Die Temperatur sollte im Gewächshaus etwa 25–27 °C betragen. Die Luftfeuchtigkeit muß hoch sein. Am Ende des Sommers wird immer weniger gegossen, und es genügt eine Temperatur von 17–22 °C. Bei Lichtmangel und niedrigen Temperaturen in der Wohnung blühen die Pflanzen nicht, denn sie verlieren vorzeitig die Knospen.

87

88

Vanda × rothschildiana [89] ORCHIDACEAE

Es handelt sich um eine Hybride, die durch Kreuzung von *V. coerulea* und *Euanthe sanderiana* entstanden ist. Sie zeichnet sich durch große, haltbare Blüten mit einem Durchmesser von 8–15 cm aus und wird ähnlich wie die vorstehende Art gehalten. Besonders bei der Großkultur der *Vanda* werden nicht nur Arten-, sondern auch Gattungshybriden ausgenutzt. Am häufigsten werden die *Vanda*-Arten mit *Asocentrum*-Arten gekreuzt und die so entstandene Gattungshybride wird als × *Ascocenda* bezeichnet. Die Pflanze besitzt größere Blüten und eine auffallende Färbung und ist von niedrigem Wuchs. Die *Vanda*-Arten lassen sich leicht auf zwei Weisen vegetativ vermehren. Entweder man nimmt Seitentriebe, die sich an älteren Pflanzen bilden. Wenn der Trieb eigene Wurzeln hat, kann er abgetrennt und selbständig weitergezogen werden. Die zweite Möglichkeit besteht in der Teilung des Stengels.

Vanda tricolor var. *suavis* [90] ORCHIDACEAE

Typisch sind die bis zu 1,5 m hohen, dicht mit Blättern bestandenen Stengel. Die riemenförmigen Blätter sind 30–35 cm lang. Der Blütenstand überragt die Blätter und besteht aus 8–10 Blüten. Sie sind etwa 7 cm breit und verströmen einen angenehmen Duft.

89

Die Pflanzen blühen von Mai bis September. Sie vertragen direktes Sonnenlicht gut, man soll sie aber im Sommer trotzdem beschatten. Sie erfordern eine hohe Luftfeuchtigkeit, nur gegen Sommerende wird weniger gegossen. Im Winter brauchen sie eine Temperatur von 17–22 °C. Für gutes Wachstum benötigt die Pflanze durchlässiges Substrat, wie z. B. eine grobe Mischung aus Farnwurzeln, zerriebener Eichenrinde, lebendem Torfmoos und einem organischen Düngemittel.

90

91

Hohlnarbe [91] (*Coelogyne pandurata*) *ORCHIDACEAE*

Diese Orchidee wächst ursprünglich in den Wipfeln der Bäume auf Borneo und Sumatra. Die Pseudobulben sind zylindrisch und aus jedem wachsen zwei Blätter hervor, die 35 cm lang, schmal elliptisch und 6 cm breit sind. Die stark duftenden Blüten bilden überhängende Blütenstände. Da die Art eine epiphytische Orchidee ist, braucht sie für ansehnliches Wachstum ein leichtes und gut durchlüftetes Substrat derselben Zusammensetzung wie die vorstehende Art. Manche Arten gedeihen in flachen ausladenden Schalen, da sie ziemlich stark in die Breite wachsen. Alle Arten verlangen eine gute Belüftung.

92

Lycaste [92] (*Lycaste deppei*) *ORCHIDACEAE*

Sie stammt aus dem tropischen Amerika. Die Gattung zählt etwa 35 Arten, die vorwiegend epiphytisch auf Bäumen wachsen. Typisch sind die eiförmigen Pseudobulben mit zwei dünnen abfallenden Blättern. Die zahlreichen Blüten stehen auf langen Stielen und duften stark. Ihr Durchmesser beträgt etwa 3–5 cm. Der Gattungsname kommt aus der griechischen Mythologie. Lycaste war die Tochter des trojanischen Königs Priamos. Für gutes Wachstum braucht die Lycaste einen leicht beschattenen Standort, nährstoffreiche, durchlässige Erde, am besten eine Mischung aus Farnwurzeln, lebendem Torfmoos, Laub oder Rasenerde, Holzkohle und Ziegelsplitt. Während der Vegetationszeit muß viel gelüftet und gesprüht werden, nach dem Blattabfall nur soviel, daß die Pseudobulben nicht einschrumpfen und austrocknen. Die abgebildete Art hat große, bis 10 cm lange Blüten, deren drei äußere Kronkelchblätter auseinanderstehen, während die drei inneren einander zugeneigt sind.

Diese Art entdeckte Deppe bei Jalapa in Mexiko. Sie wurde nach ihm benannt. Die Gattung erhielt ihren Namen nach Lycaste, der Tochter des Königs von Troja, Priamos.

Riemen-Frauenschuh [93] (*Phragmipedium longifolium*) *ORCHIDACEAE*

Der Bau der Blüten ist sehr ähnlich wie bei den Arten der verwandten Gattung *Paphipedium*. Die beiden seitlichen Kronkelchblätter sind sehr schmal und lang, violett gefärbt und spiralförmig eingerollt. Das mittlere Kronkelchblatt ist aufrecht, bräunlich mit dunkleren Längsstreifen. Die Lippe ist groß, sackförmig, einem Pantoffel ähnlich, gelblich. Der Schlund ist weiß gesäumt, innen grün gefleckt. Der Stengel ist dicht von zahlreichen ledrigen Blättern umstanden. Die Art tritt an feuchteren, felsigen Standorten in Costa Rica, Panama und Kolumbien auf. Sie kann bis in Höhen von 2000 m ü. M. aufsteigen und wächst entweder epiphytisch auf alten Bäumen oder terrestrisch in humosen Böden.

93

Pleione [94] (*Pleione formosana*) *ORCHIDACEAE*

94

Die Pleionen sind epiphytische oder terrestrische Orchideen, die in den asiatischen Gebirgen wachsen, vom Himalaja bis Taiwan. Sie bilden kugelige oder eiförmige Pseudobulben, aus denen schmale Blätter und Blütenschäfte hervorwachsen. Die Blätter sind schwach ledrig, vor der Ruheperiode fallen sie ab. Die Blüten stehen einzeln oder zu zweit. Die abgebildete Art ist im Vergleich zu den anderen ziemlich groß. Die Pseudobulben sind bis 10 cm breit, die Blätter werden 35 cm lang, die Blüten können 10 cm breit werden. Wenn die Pflanzen abgeblüht sind, sehen sie nicht sehr hübsch aus, deshalb ist es besser, sie nicht im Raum stehen zu lassen, sondern im Garten halbschattig aufzustellen. Vor direktem Sonnenlicht muß man sie aber schützen. Während der Vegetationszeit soll die Pflanze bei normaler Zimmertemperatur wachsen, nach dem Abfallen der Blätter sollte die Temperatur etwas niedriger sein.

Baumwucherer [95] (*Dendrobium nobile*) *ORCHIDACEAE*

Die riesige Artenzahl – etwa 2000 – weist auf eine ungemein starke Wanderungsfähigkeit der Gattung hin. Die Dendrobien sind Epiphyten, die vom Himalaja bis nach Japan und im Süden bis nach Neuseeland verbreitet sind. Der Stengel des Baumwucherers wird bis 60 cm hoch, ist fleischig und von schmalen Blättern bestanden, die zwei Jahre alt werden. Die Blüten stehen in der Regel zu zweit oder dritt auf den Stengelknoten und sind 7–10 cm breit. Er gedeiht in der Wohnung gut. Nach dem Abblühen muß mit dem Gießen solange gewartet werden, bis die Pflanzen Triebe zu bilden beginnen. Es hat sich bewährt, die Pflanzen im Sommer an einen schattigen Ort in den Garten zu bringen.

95

Dendrobium victoriae-reginae [96] ORCHIDACEAE

96

Dies ist eine dekorative Art der umfangreichen Gattung *Dendrobium*. Der Name weist auf die epiphytische Lebensweise aller Dendrobien hin. Typisch für die vorliegende Art sind die Blüten mit verhältnismäßig breiten Kronkelchblättern, die zu den Seiten abstehen. Es empfiehlt sich, die Pflanzen erst nach zwei Jahren in durchlässiges Substrat umzupflanzen. Man bevorzugt kleinere Gefäße. Obwohl sie anspruchsvoll an Feuchtigkeit sind, dürfen sie nicht übermäßig gewässert werden.

97

Goldblatt [97] (*Macodes petola*) *ORCHIDACEAE*

Von den 7 Arten der Gattung *Macodes* wird die vorliegende am häufigsten kultiviert. Sehr reizvoll wirken die etwa 7 cm langen flaumig hellgrünen Blätter mit goldenen, in Längs- und Querrichtung verlaufenden Nerven. Die braun gefärbten Blüten sind klein und unscheinbar. In Kultur ist die Art verhältnismäßig anspruchsvoll. Sie verlangt ziemlich starke Beschattung und Wärme. Als Substrat dient eine Mischung aus Torfmoor, Lauberde und Sand. Die Art stammt von Java.

Baumwurzler [98] (*Encyclia phoenicea*) *ORCHIDACEAE*

Dieser Epiphyt aus den amerikanischen Tropen ist bei den Blumenzüchtern wegen seiner dekorativen, duftenden und lange haltbaren Blüten sehr beliebt. Die kurzen, kegelförmig verschmälerten Pseudobulben haben 1–3 schmal lanzettliche Blätter. Der Blütenstand ist sehr fest und besteht aus 5–25 Blüten, die 5–6 cm lang werden. Die Kronkelchblätter sind purpurn, die Lippe ist deutlich dreilappig, weißlich und hat rote Nerven. Die Pflegebedingungen sind die gleichen wie bei den Arten der Gattung *Cattleya*.

98

99

Die Vermehrung erfolgt in der Regel durch Teilung der Pflanzen, am besten in der Zeit von Februar bis Juni.

Die Gattung *Encyclia* umfaßt etwa 70 Arten, die in den tropischen Gebieten Amerikas auftreten. Ursprünglich wurde sie der großen Gattung *Epidendrum* zugeordnet, die jedoch sehr heterogen war. Deshalb wurden von ihr nach und nach selbständige Gattungen abgetrennt, so *Encyclia, Hormidium, Euchile* u.a.

Arachnis flos-aeris [99] *ORCHIDACEAE*

Typisch ist der bis 4 m lange Stengel mit spärlichen, etwa 14 cm langen und 4 cm breiten Blättern. Auch die Blütenstände sind außergewöhnlich lang, fast 1,5 m. Sie bestehen aus zahlreichen, locker angeordneten Blüten. Ihre Färbung ist auffallend, grüngelb mit bräunlichen Flecken. Die Kronkelchblätter sind sehr schmal und sichelförmig gebogen. Am Grund der Lippe befindet sich ein Sporn.

Die attraktiven Blüten eignen sich zum Schnitt. Die Pflanzen werden aber nicht sehr häufig in Gewächshäusern gezogen, weil sie zu groß sind. Die einzelnen Arten lassen sich leicht miteinander kreuzen, es gibt sogar eine Reihe von Gattungshybriden, so *Arachnopsis* (*Arachnis* × *Phalaenopsis*), *Aeridachnis* (*Aerides* × *Arachnis*), *Aranda* (*Arachnis* × *Vanda*) u. a. Die Gattung *Arachnis* umfaßt etwa 15 Arten, das Zentrum ihrer Verbreitung liegt in Malaysia.

Ansellia [100] (*Ansellia africana*) *ORCHIDACEAE*

100

Diese Orchidee ist im tropischen Afrika zu finden. Es existieren nur sechs Arten. Am bekanntesten ist die angeführte Art. Auch sie ist eine epiphytische Pflanze mit starrem, gefurchtem Stämmchen und schmalen, deutlich fünfrippigen, bis 40 cm langen Blättern. Die Blütenstände sind verzweigt, über 50 cm lang. Die Blüten sind 4–6 cm breit. Wenn die Pflanzen in der Kultur gut gedeihen, bilden sie aufwärts gerichtete Luftwurzeln aus. Die Sommertemperatur soll bei hoher Feuchtigkeit 26 °C betragen. Gegen Ende des Sommers, wenn die Ruheperiode beginnt, muß man nur noch wenig gießen und die Pflanze an einen kühleren Ort mit einer Temperatur von 16–20 °C stellen.

101

Vuylstekeara [101] (× *Vuylstekeara* Cambria) *ORCHIDACEAE*

Sie ist eine dreifache Gattungshybride, die 1912 durch Kreuzung der Gattungen *Cochlioda* × *Miltonia* × *Odontoglossum* entstanden ist. Sie wird über 1 m hoch, auch der Blütenstand ist lang, etwa 75 cm. Sie gedeiht in Zimmer, wenn sie am Fenster steht und viel frische Luft bekommt. Im Winter ist ihr eine Temperatur um 18 °C zuträglich, in der Nacht genügen sogar 13 °C. Unerläßlich ist reichliches Gießen, auch im Winter darf die Pflanze nicht austrocknen.

102

Baumwurzler [102] (*Hormidium cochleatum*) *ORCHIDACEAE*

Es handelt sich auch in diesem Fall um eine epiphytische Pflanze. Die abgebildete Art besitzt etwa 10 cm lange Pseudobulben, mit 2 länglichen, bis 20 cm langen Blättern. Die aufrechten Blütenstände bestehen aus 5–8 Blüten. Die Kronkelchblätter sind bis 4 cm lang, linear, weißlich und grünlich gefärbt. Die Lippe ist violett und schwarz mit einer gelblichen Zeichnung. Für eine erfolgreiche Zucht in der Wohnung empfiehlt sich ein heller bis halbschattiger Standort bei normaler Zimmertemperatur, die im Winter nicht unter 15 °C sinken darf. Zur Zeit des Wachstums wird gegossen, wenn das Substrat an der Oberfläche ausgetrocknet ist. Sobald die Triebe im Herbst ausgereift sind, wird nur noch wenig gegossen. Die Vermehrung erfolgt beim Umpflanzen durch Abtrennen gesunder Pseudobulben, die nach 2–3 Jahren blühende Pflanzen liefern können.

Zahnzunge [103] *ORCHIDACEAE*
(*Lemboglossum cervantesii* syn. *Odontoglossum cervantesii*)

Diese Orchidee wächst als Epiphyt in den Gebirgswäldern von Mexiko und Guatemala. Die Pseudobulben sind klein, 2–3 cm lang, leicht zusammengedrückt, im unteren Teil schwach kantig. An ihrer Spitze tragen sie ein 10–15 cm langes Blatt. Die Blüten stehen meistens zu je 5–6 in Trauben, die immer überhängend sind. Die weißen, 4–6 cm großen Blüten können schwach rosa überlaufen sein. Die Basis der Kronkelchblätter ist braunviolett gestreift. Die Pflanzen brauchen im Winter verhältnismäßig niedrige Temperaturen, 14–16 °C bei Tag, 12 °C bei Nacht. Man vermehrt sie leicht beim Umpflanzen durch Abtrennen von Pseudobulben. Es hat sich bewährt, die Pseudobulben in Torfmoos in einem Plastikbeutel zu halten, bis die ersten Wurzeln erscheinen.

103

Kapitel 4

FARNE UND MOOSKRAUT

Nephrolepis exaltata [104], einer der beliebtesten als Zimmerpflanzen kultivierten Farne.

Die Farne und Mooskrautgewächse werden wegen ihrer lebhaften, in allen Schattierungen variierenden grünen Färbung, ihrer auffälligen, oft bizarren Gestalt und der Schönheit dieser Fülle von beblätterten Stengeln in Wohnungen gezogen.

Die Mehrzahl der Farnpflanzen wächst an feuchten, schattigen Standorten. Viele von ihnen sind Bewohner der tropischen Regenwälder. Man findet unter ihnen auch solche, die im Kampf um etwas mehr Licht zu einer ungewohnten Lebensweise gefunden haben und als Epiphyten auf Baumstämmen und Ästen leben. Es gibt aber auch Farne, die an ausgesprochen trockenen Standorten, wenn auch im Schatten, oder zumindest im Halbschatten wachsen, z. B. in Felsspalten. Weitere Extremstandorte sind Gewässer oder sumpfiges Gelände. Sie vermehren sich durch Sporen, die in großen Mengen als sehr feiner Staub in Sporenbehältern gebildet werden, die sich auf der Unterseite der Blätter befinden. Während aus dem Samen sofort eine junge Pflanze hervorwächst, die der Mutterpflanze ähnlich ist, entsteht aus der Spore, die am Boden keimt, zuerst ein flaches, nur einige Millimeter großes Gebilde, der sogenannte Vorkeim, der die Organe trägt, in denen sich die männlichen und weiblichen Geschlechtszellen entwickeln und in denen es zur Befruchtung kommt. Erst aus der befruchteten Eizelle entwickeln sich die fächerartigen Blätter der Farne. Die Mooskrautgewächse (etwa 700 Arten) sind größtenteils an die tropischen Regenwälder gebunden, nur einige wachsen in der gemäßigten Zone. Sie weisen gabelig geteilte Stengel auf, die dicht mit kleinen, schuppenförmigen Blättern besetzt sind, die sich je nach Standort voneinander unterscheiden. Symme-

Platycerium auf Baumrinde wachsend.

106

trisch sind nur diejenigen, die sich in der Achsel des gabelig geteilten Stengels befinden, die anderen Blätter sind leicht asymmetrisch. Dort, wo sich der Stengel gabelförmig verzweigt, wächst ein blattloses Organ abwärts, der sogenannte Wurzelträger. An der Spitze der Stengel entwickeln sich kleine, aus Sporenblättern gebildete Blütenzapfen, die oberseits ein nierenförmiges Sporangium mit Sporen tragen.

Geweihfarn [105] (*Platycerium bifurcatum*) *POLYPODIACEAE*

Dies ist ein sehr interessanter Farn mit zwei Arten von Blättern. Die einen sind nierenförmig bis rundlich, anfangs grün, später braun und liegen an den Stämmen an. Sie dienen zur Befestigung der Pflanzen im Substrat und zum Auffangen von Humus und Wasser. Die anderen sind gabelig geteilt, grün, unterseits mit Sporangien, die braune Bläschen bilden. Der silberfarbene Flaum der Blätter wird durch eine große Anzahl von Sternhaaren hervorgerufen, die aber nur im Mikroskop sichtbar sind. Die Gattung *Platycerium* umfaßt etwa 18 Arten, die in den tropischen Wäldern auf der ganzen Welt wachsen, vorwiegend in Asien, seltener in Amerika. Sie lassen sich gut in Blumentöpfen, Holzkörben, auf Rindenstücken oder auf Ephiphytenstämmen in der Wohnung, in Vitrinen und Gewächshäusern ziehen. Im Sommer sollten die Pflanzen vor direkten Sonnenstrahlen geschützt werden. Sie gedeihen auch in Wohnungen mit Zentralheizung, denn sie benötigen im Winter eine wärmere Umgebung. Das Besprühen der Blätter bekommt den Pflanzen sehr gut. Als Substrat hat sich eine Mischung aus Komposterde, grobem Torf und zerstückelten Buchenblättern bewährt.

Platycerium alcicorne var. *Hillii* [106] *POLYPODIACEAE*

Die Sorte 'Hillii' hat fertile, unterseits mit rostfarbenen Sporangien bedeckte Blätter, die geweihförmig in zahlreiche schmale, schwach gekrümmte Fiedern gegliedert sind. Die ganzen Blätter sind hellgrün und seidig behaart. Die Haare weisen eine sehr charakteristische Form auf. Wie aus der mikroskopischen Betrachtung deutlich hervorgeht, handelt es sich um Sternhaare. Die Pflegebedingungen sind die gleichen wie bei der vorstehenden Art.

Kretischer Saumfarn [107] (*Pteris cretica* 'Albo-Lineata') *PTERIDACEAE*

107

Die ursprüngliche Art ist in Bezug auf Wärme und Licht anspruchslos. Am meisten sagt ihr Halbschatten zu, die Wintertemperatur kann 10–12 °C betragen. Die Pflanzen erreichen eine Höhe von 30–50 cm. Dadurch werden die Sporenhäufchen geschützt. Der Farn wird oft zusammen mit anderen Pflanzen in Keramikschalen gepflanzt. Er wird auch in Korbflaschen oder Glaskugeln gezogen. Als Substrat dient eine Mischung aus Torf, Humus und Sand. Die Pflanze vermehrt sich leicht durch Sporen, die in reinem Torf bei einer Temperatur von 22 °C rasch keimen. Junge Pflanzen erfordern viel Licht und Feuchtigkeit. Die abgebildete Sorte 'Albo-Lineata' hat breitere Blättchen mit weißen Streifen. In Europa eingeführt wurde sie 1860 aus dem botanischen Garten auf Java. Die Gattung *Pteris* umfaßt etwa 280 Arten, die in tropischen und subtropischen Gebieten wachsen, manche auch in der gemäßigten Zone.

Schildfarn [108] (*Cyrtomium falcatum*) *ASPIDIACEAE*

108

Er ist eine ideale Zimmerpflanze. Er verlangt weder höhere Temperaturen noch höhere Luftfeuchtigkeit. Die Vermehrung erfolgt durch Teilung des Wurzelstokkes älterer Pflanzen oder durch Aussaat von Sporen in Torf. Die Pflanzen gedeihen in einer Mischung aus Torf, Lauberde, Rasenerde und Sand. Es wird vom Frühjahr bis zum Herbst etwa einmal monatlich nachgedüngt. Die Gattung umfaßt 10 terrestrische Arten, die in Asien, Afrika und auf den poly-

109

110

111

nesischen Inseln in Wäldern weitverbreitet sind. Da die Art auch sehr niedrige Temperaturen verträgt, kann sie an einem geschützten Platz im Freien überwintern.

Adiantum tenerum [109] *ADIANTACEAE*

Dieser Farn ist eine sehr dekorative, wenn auch ziemlich empfindliche Zimmerpflanze. Sie leidet meistens unter zu geringer Luftfeuchtigkeit. Da diese Art aus den feuchten Wäldern des tropischen Amerikas stammt, findet sie in verglasten Blumenvitrinen usw. entsprechende Bedingungen. Sie zeichnet sich durch schwarze Blattstiele und dreieckige, 80 cm lange und 50 cm breite, mehrfach gefiederte Wedel aus. Die Blättchen sind sehr dünn, keilförmig, an der Spitze stumpf gezähnt. Sie werden durch Teilung älterer Pflanzen oder durch Aussaat von Sporen vermehrt. Häufiger als die ursprüngliche Art werden aber die zahlreichen Sorten kultiviert, die widerstandsfähiger sind. Am bekanntesten ist 'Scutum Roseum', dessen Blättchen in der Jugend intensiv rot gefärbt sind. Ein von den Tropen bis nach Europa heimischer Frauenhaarfarn ist *A. capillus-veneris*, das Venushaar, der in den atlantischen Gebieten Europas und im Mittelmeergebiet verbreitet ist.

Frauenhaarfarn [110] (*Adiantum macrophyllum*) *ADIANTACEAE*

Die Frauenhaarfarne gehören zu den schönsten Farnen. Sie sind schattenliebende Pflanzen mit verhältnismäßig hohen Ansprüchen an Wasser und Luftfeuchtigkeit. Man unterscheidet etwa 200 Arten, die vorwiegend in Südamerika verbreitet sind. Die gefiederten Wedel sind aus zahlreichen Blättchen zusammengesetzt, die an den Rändern leicht eingerollt sind und an deren Unterseite sich die Sporenhäufchen entwickeln. Die Sporangien sind anfangs grün, beim Reifen werden sie dunkelbraun. Typisch für die angeführte Art sind die großen Blätter mit 4–6 Blättchenpaaren, deren Umriß fast rhombisch ist. Die Pflanzen gedeihen bei einer Wintertemperatur von 18–20 °C, vertragen aber auch 20–25 °C. Sie dürfen niemals austrocknen, deshalb gießt man sie auch im Winter. Umgetopft wird alle zwei Jahre. Bei dieser Gelegenheit kann man die Pflanzen teilen.

Rundblättriger Pellefarn [111] (*Pellaea rotundifolia*) *SINOPTERIDACEAE*

Die Gattung umfaßt etwa 80 Arten. Sie stammt aus Neuseeland, wo sie einen Bestandteil der Waldvegetation bildet. Typisch sind die einfach gefiederten Wedel, die etwa 20–30 cm lang sind und wechselständige, fast runde, lederige, dunkelgrüne, kurzgestielte Blättchen aufweisen. Die Blattspindel ist deutlich behaart. Die Sporenhäufchen befinden sich an den Rändern der Blättchen und sind braun. In Innenräumen vertragen die Pflanzen im Sommer direkte Sonnenstrahlen sehr gut, im Winter gedeihen sie bei normaler Zimmertemperatur, vertragen aber auch eine Temperatur von 8–15 °C. Sie sind gegen zu große Feuchtigkeit empfindlich. Es empfiehlt sich, sie nachzudüngen, am besten von April bis September einmal in 3–4 Wochen. Sie müssen auch alljährlich im Frühjahr oder Sommer umgetopft werden. Die Vermehrung erfolgt verhältnismäßig einfach durch Aussaat von Sporen.

Schwertfarn [112] (*Nephrolepis exaltata*) *NEPHROLEPIDACEAE*

Dieser Farn zeichnet sich durch bis 80 cm lange Wedel aus, die bogenförmig überhängen und in feine Fiedern gegliedert sind. In der Jugend sind sie wie bei allen Farnen mit der Unterseite nach innen spiralig eingerollt. Die Pflanzen vertragen mehr Licht, Zimmertemperaturen und brauchen keine allzu hohe Luftfeuchtigkeit. Sie sind empfindlicher gegen stauende Nässe als gegen zeitweiliges Austrocknen. Während der Vegetationszeit sollte nachgedüngt werden. Die Vermehrung erfolgt durch Teilen der Büsche beim Umpflanzen oder durch Ausläufer, die jede Pflanze bildet. Wenn sie mit der

112

113

Erde in Berührung kommen, schlagen sie Wurzeln, und nach Abtrennen von der Mutterpflanze erhält man ein junges Exemplar. Als Substrat ist ein Gemisch aus Torf, Lauberde und Sand im Verhältnis von 2:2:1 zu empfehlen. Der Schwertfarn ist auch für die Hydrokultur geeignet. Es gibt neben der ursprünglichen Art eine große Anzahl von Sorten, die sich durch die Gliederung der Blattspreite, die einzelnen Fiedern, die gewellt oder flach, aber auch gerade sein können, durch ihren Wuchs oder die Größe der Büsche unterscheiden. Sehr schön ist die Sorte 'Hillii' mit doppelt gefiederten, verhältnismäßig schmalen, sehr dichten Wedeln. 'Rooseveltii' weist gewellte Fiedern auf. 'Whitmanii' hat sehr feine und mehrfach gefiederte Blätter. Bei 'Teddy Junior' sind die noch eingerollten Wedel gewellt und dunkelgrün. Es gibt etwa 30 *Nephrolepis*-Arten, manche leben epiphytisch, andere terrestrisch.

Gold-Tüpfelfarn [113] (*Phlebodium aureum*) *POLYPODIACEAE*

Die bis 1 m langen, tief fiederspaltigen Blätter sind bläulich bereift mit festen Stengeln. Der Artname ist von der goldgelben Färbung der Sporenhäufchen abgeleitet, die auf der ganzen Blattunterseite verstreut sind. Am besten gedeihen die Pflanzen im Halbschatten; direktes Sonnenlicht oder tiefer Schatten schadet ihnen. Zimmertemperatur sagt ihnen zu, im Winter kann sie niedriger sein, sollte aber nicht unter 12 °C sinken. Sie wachsen gut in Einheitserde, die niemals austrocknen darf. Sie verlangen keine höhere Luftfeuchtigkeit und die Blätter müssen nicht besprüht werden. Die Vermehrung erfolgt durch Sporen oder Teilung der Wurzelstöcke. Es genügen 2 cm lange Stücke, die bei einer Bodentemperatur von etwa 20 °C bald junge Triebe entwickeln. Die Art stammt aus den Tropen Südamerikas.

114

Nestfarn [114, 115] (*Asplenium nidus*) *ASPLENIACEAE*

Es ist ein epiphytischer Farn, der auf Baumstämmen in Wäldern der tropischen Gebiete Asiens und der polynesischen Inseln wächst. Man erkennt ihn leicht an den mächtigen, ganzrandigen Wedeln, die über 1 m lang werden können und zu einer Art Trichter oder Nest vereinigt sind (lateinisch *nidus* = „Nest"). Diese Form der Blattrosette ermöglicht dem Nestfarn, Humus und Wasser aufzufangen und direkt zu den Wurzeln zu leiten. An der Blattunterseite entlang der Blattadern sind die Sporenhäufchen angeordnet, die bei oberflächlicher Betrachtung als parallele braunschwarze Streifen erscheinen. In Kultur gedeihen die Pflanzen bei 20–25 °C, die Wintertemperatur sollte

115

nicht unter 18 °C sinken. Direkte Sonnenbestrahlung ist schädlich. Ein geeignetes Substrat bildet eine Mischung aus Lauberde, Torf und Sand bei pH 5. Notwendig ist nicht nur reichlich Wasser, sondern auch eine Luftfeuchtigkeit von mindestens 60 %. Die Vermehrung gelingt verhältnismäßig leicht durch Aussaat von Sporen, die in den Sporangien gebildet werden. Die richtige Temperatur für die Keimung ist 22 °C. Sehr wirkungsvoll nimmt sich die Pflanze auf Epiphytenstämmen aus, die ihre natürlichen Umweltbedingungen nachahmen.

Punktierter Tüpfelfarm [116] (*Polypodium polyccarpon* syn. *P. punctatum*) *POLYPODIACEAE*

Dieser tropische Tüpfelfarn ist in Asien, Australien, Polynesien und Afrika verbreitet. Im Boden steckt ein kräftiger, mit schwarzen, eiförmigen Schuppen bedeckter Wurzelstock. Auffällig sind die dichten, breit länglichen, in den Grund verschmälerten, fast stiellosen Blätter. Sie sind sehr derb, so daß sie ledrig wirken. Sie werden 60 cm lang und 4 cm breit, ihr Rand ist leicht gewellt. Unterseits finden sich zahlreiche, unregelmäßig verstreute Sporangienhäufchen.

Das Substrat muß gut durchlüftet, leicht und durchlässig sein. Geeignet ist eine Mischung aus Lauberde, Torf und Sand mit einem pH-Wert von 4,5–6,5. Bei einer Temperatur von 20 °C wird einmal täglich mit weichem Wasser gegossen. Die Vermehrung erfolgt durch Sporen oder Teilung der Büsche.

116

Polypodium polycarpon 'Grandiceps' [117] *POLYPODIACEAE*

Der buschige Farn hat ledrige, fast sukkulente, wachsartige, stark glänzende, 30–60 cm lange Blätter mit einem hervortretenden Mittelnerv. An der Spitze sind sie fingerförmig geteilt. Diese interessante und attraktive Pflanze gedeiht in Wohnungen gut. Sie ist für Wärme und Feuchtigkeit dankbar.

117

Auferstehungspflanze [118, 119] (*Selaginella lepidophylla*) *SELAGINELLACEAE*

118

Dieses sehr interessante, Trockenheit liebende Mooskraut stammt aus Kalifornien und Mexiko. Aus dem stark verkürzten Stengel wachsen dicht beblätterte Zweige hervor, die flächig ausgebreitet sind. Die kleinen, fast schuppenartigen Blätter sind oberseits sattgrün, unterseits rostbraun. Bei Trockenheit krümmen sich die Zweige zur Mitte der Rosette zusammen, so daß ein knäuelartiges Gebilde entsteht, bei Feuchtigkeit breiten sie sich wieder aus. Die Fähigkeit, diese mechanischen, hygroskopischen Bewegungen durchzuführen, bewahrt sich die Pflanze viele Jahre. Sie breitet sich aus, sobald sie z. B. in eine Schale mit etwas Wasser gelegt wird. Gewöhnlich wird sie „Jerichorose“ genannt, mit diesem Namen werden jedoch auch andere Pflanzen bezeichnet, so *Anastatica hierochuntica* und *Lonicera caprifolium*.

119

Kapitel 5

FEUCHTIGKEITSLIEBENDE PFLANZEN

Verschiedene an einem Epiphytenstamm befestigte Ananasgewächse [120].

Es ist kaum möglich, eine Wohnung in ein Gewächshaus umzuwandeln, aber man hat oft einen verglasten Wintergarten, eine Vitrine oder wenigstens große Glasgefäße (Korbflaschen, Kugeln, große Pokale) zur Verfügung, die Gewächshausbedingungen imitieren können und dadurch eine ähnliche Atmosphäre schaffen, wie sie die Pflanzen an den ursprünglichen Standorten in ihrer Heimat finden. Der Vorteil liegt hierbei darin, daß die nötige Luftfeuchtigkeit geschaffen werden kann. Die Feuchtigkeitsverhältnisse können hier je nach den Anforderungen der Pflanzen reguliert werden; man kann sie nicht nur gießen, sondern auch einnebeln, ohne Gefahr zu laufen, daß das Wasser auf die Umgebung heruntertropft, wie dies oft passiert, wenn Pflanzen außerhalb geschlossener Glasgefäße besprüht werden. Wintergarten bieten genügend Licht, in Vitrinen, die nicht unmittelbar am Fenster stehen, kann man zusätzlich Kunstbeleuchtung einbauen. Das Licht stellt aber nicht nur einen entscheidenden Faktor für das Wachstum dar, sondern trägt auch zur Ästhetik bei, denn es führt zu kräftiger Ausfärbung der Pflanzen. Beim Aufstellen der Pflanzen muß berücksichtigt werden, daß das Licht nicht gleichmäßig verteilt ist. Pflanzen mit buntem Laub oder auffallend gefärbten Blüten weist man einen Platz an schwächer beleuchteten Stellen zu, solche, die weniger markante Farben aufweisen, setzt man dem Licht aus. Die Vitrinen oder Glashäuser können beheizt werden, und die Temperatur läßt sich so nach Bedarf regulieren. Unter solchen Bedingungen kann man auch sehr empfindliche Pflanzen, z. B. viele fleischfressende Pflanzen oder Vertreter der Aronstabgewächse und Bromelien, halten.

Schattenröhre [121] (*Episcia cupreata*) *GESNERIACEAE*

Diese aus den Wäldern Kolumbiens stammende Pflanze zeichnet sich durch zahlreiche Ausläufer aus, die an den Knoten leicht wurzeln. Die Stengel sind sehr kurz. Die Blattspreiten sind am Rand gekerbt, tief runzelig, zottig, sehr bunt. Zwischen den Blättern leuchten die einzelstehenden Blüten. Die Pflanzen eignen sich sehr gut für mit verschiedenen Arten bepflanzte Schalen, hängende Körbchen oder Epiphytenstämme, Vitrinen oder Terrarien.

121

122

Sie lieben höhere Temperatur (im Winter darf sie nicht unter 18 °C sinken) und hohe Luftfeuchtigkeit. Sie eignen sich gut für die Kultur in Korbflaschen.

Pilea mollis 'Moon Valey' [122] *URTICACEAE*

Diese Art kann man ohne zu übertreiben als die wirkungsvollste Art der Gattung bezeichnen. Sie wirkt durch die zugespitzten, eiförmigen, am Rand gekerbten, in der Mitte rotbraunen, auffallend runzeligen Blätter besonders dekorativ. Man muß die Pflanzen vor direktem Sonnenlicht schützen. Sie verlangen Temperaturen von etwa 20–25 °C, im Winter am besten 18 °C.

Pilea spruceana [123, 124] *URTICACEAE*

Die Gattung *Pilea* umfaßt etwa 200 Arten, die in den Tropen auf der ganzen Welt verbreitet sind. *P. spruceana* bildet zahlreiche Ausläufer mit aufsteigenden, etwa 10 cm langen Stengeln. Die Blätter sind behaart, mit blasenförmigen Höckern versehen. Sie sind lebhaft grün gefärbt, die jüngsten Blätter sind rötlich überlaufen. Die Heimat dieser Art ist Peru und Venezuela. In der Wohnung wirkt sie sehr schön, erfordert aber eine höhere Temperatur und Luftfeuchtigkeit.

123

124

125

126

127

Wasserhyazinthe [125] (*Eichhornia crassipes*) *PONTEDERIACEAE*

Diese entweder frei schwimmende oder im Schlamm wurzelnde Wasserpflanze ist sehr interessant. Sie weist aufgeblasene Blattstiele auf, die innen von einem in den großen Zellzwischenräumen Luft enthaltenden Gewebe sind. Diese Einrichtung gibt der Pflanze Auftrieb, so daß sie an der Wasseroberfläche schwimmen kann. Prachtvoll ist der aus großen hellvioletten Blüten bestehende Blütenstand. Diese Wasserhyazinthe stammt aus dem tropischen Amerika und hat sich von dort auch in andere Erdteile verbreitet. In der Wohnung verlangt sie viel Licht, was im Sommer leicht zu erreichen ist. Im Winter braucht sie zusätzliche Beleuchtung, oder man muß sie aus dem Wasser nehmen und in eine flache Schüssel mit einer dünnen Schicht schlammiger Erde legen, die bei niedriger Temperatur (etwa 5–10 °C) am Licht aufgestellt wird.

Simse [126] (*Scirpus cernuus* syn. *Isolepis gracilis*) *CYPERACEAE*

Die zarte, subtile Pflanze ist ein Grasgewächs. Sie bildet dichte Büschel lebhaft grüner Blätter, die bald überhängen; zwischen ihnen erscheinen später die weißlichen Ähren. Wegen des überhängenden Wuchses eignet sich die Art als Ampelpflanze, bei der die schlaffen Blätter am besten zur Geltung kommen. Sie wächst auf sumpfigen, ständig nassen Böden und verlangt deshalb reichlich Wasser.

Pistie, Wassersalat [127] (*Pistia stratiotes*) *ARACEAE*

Die in einer sehr dekorativen Rosette angeordneten Blätter sind auffallend hellgrün, mit einem besonders auf der Unterseite hervortretenden Adernetz. Sie sind von dichten weißen Haaren bedeckt. Der Blütenstand ist nur 1 cm lang und besteht aus einigen grünlichen Blüten. Die abgebildete Art ist die einzige Art der Gattung *Pistia*. Sie ist in warmen, stehenden oder langsam fließenden Gewässern der Tropen weit verbreitet. Im Zimmer gedeiht sie, wenn sie in ausreichend warmem Wasser (bei etwa 20–25 °C) gehalten wird. Für die Kultur sind flachere Schalen besser geeignet als hohe Gefäße. Über den Winter ist es besser, die Pflanzen aus dem Wasser herauszunehmen und in Torfmoos zu setzen, das ständig naß gehalten werden muß. Man vermehrt sie durch seitliche Ausläufer oder mit Samen. Die erste Methode geht schneller.

Keulenpalme [128] (*Zamia pygmaea*) *ZAMIACEAE*

128

Die *Zamia*-Arten erinnnern an die Palmfarne und wurden oft auch schon mit ihnen gemeinsam zur Familie der *Cycadaceae* gestellt. Da sie sich jedoch in wichtigen Merkmalen von ihr unterscheiden, ist die Abtrennung der selbständigen Familie *Zamiaceae* begründet. Die weiblichen Fruchtblätter sind bei den *Zamia*-Arten kurz schildförmig, tragen zwei Samenanlagen und bilden Zapfenblüten. Bei den *Cycas*-Arten hingegen stehen die weiblichen Fruchtblätter niemals in Zapfenblüten, sind bis zu 15 cm lang und tragen am Rand 4–8 Samenanlagen.

Die Pflanze ist verhältnismäßig klein und wächst langsam. Der kleine Stamm ist rübenförmig. Die derben, ledrigen Blätter sind aus fast runden Blättchen zusammengesetzt. Die Gattung *Zamia* umfaßt etwa 30 Arten, die in den Tropen und Subtropen Amerikas verbreitet sind. Sie werden ähnlich kultiviert wie die Palmfarne.

129

Korbmarante [129] (*Calathea stromata*) *MARANTACEAE*

In der Natur ist diese Art in Brasilien als Unterwuchs von Urwaldbäumen verbreitet. Sie bildet dichte Büsche langgestielter Blätter, deren breit längliche Spreite 10–12 cm mißt. Als Bewohner der tropischen Wälder sind die Pflanzen an Beschattung durch hohe Gewächse gewöhnt, die sie aber auch vor austrocknenden Winden schützen. Die häufigen Regenfälle und Nebel in höheren Lagen gewähren ihnen viel Feuchtigkeit. Zur Zeit des Wachstums verlangen sie eine Temperatur von 18–20 °C, bei Nacht 16 °C. Im Winter schadet ein Sinken der Temperatur auf 16 °C nicht. Das beste Substrat ist grobe, durchlässige aber nährstoffreiche Erde. Erfahrene Gärtner verwenden eine Mischung aus Laub- und Heideerde, Torf und Holzkohle. Auch Einheitserde leistet gute Dienste. Die Pflanzen können in den Wohnungen auch in flacheren Gefäßen gezogen werden.

Klimme [130] (*Cissus discolor*) *VITACEAE*

Im Unterschied zu den meisten Arten der Gattung *Cissus* ist diese Art wärmeliebend und anspruchsvoll in Bezug auf das Licht. Daher empfiehlt es sich, sie in einem abgeschlossenen, verglasten Raum zu halten. Diese schnellwüchsige Kletterpflanze hat rötliche Stengel, Ranken und Blattstiele. Die Spreiten sind 5 cm lang und 8 cm breit, oberseits samtig und marmoriert, unterseits rötlich purpurfarben. In den Blattachseln entwickeln sich kleine, aus gelben Blüten bestehende Blütenstände. Um eine gute Ausfärbung der Blätter zu erreichen, muß man den Pflanzen genügend Licht gönnen. Sie dürfen niemals austrocknen, da die Blätter sonst rasch abfallen. Sie werden durch Kopfstecklinge vermehrt.

130

131

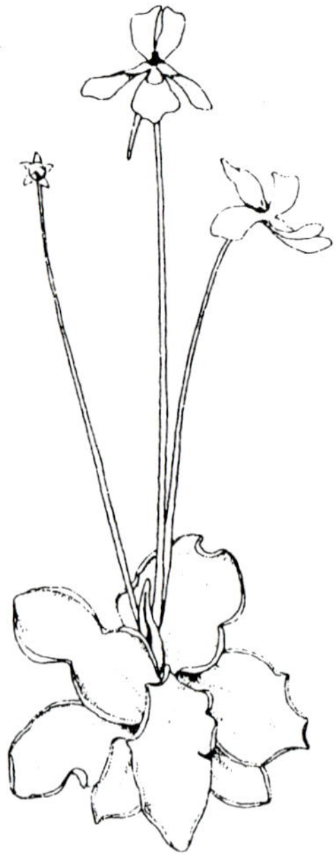

Pinguicula moranensis ist das am häufigsten anzutreffende Fettkraut.

Fettkraut [131] (*Pinguicula gypsicola*) *LENTIBULARIACEAE*

Diese Pflanze stammt aus Mexiko, wo sie an nördlichen und nordöstlichen Berghängen wächst. Die Blätter der Sommerrosetten sind sehr schmal linear. Die Winterrosetten sind klein und knopfartig, mit flachen, breiteren Blättern. Oberseits sind sie mit vielen kleinen Drüsen bestückt. Die großen Blüten haben einen schmalen, etwa 2,5 cm langen Sporn. Ihre Zucht ist nicht ganz einfach. Es ist wichtig, daß die Pflanzen an einem mäßig warmen Ort überwintern, wo ihnen genügend Licht und Feuchtigkeit zur Verfügung stehen. Im Sommer soll die Temperatur höher sein und es muß reichlich gegossen werden. Die Pflanzen vermehren sich sehr gut durch Samen, die man auf groben, nassen Torf aussät und unbedeckt an der Oberfläche liegen läßt. Die Keimung erfolgt am Licht. Die Samen dürfen nicht alt sein, denn sie verlieren ihre Keimfähigkeit schon nach einem Jahr. Rascher ist die vegetative Vermehrung, z. B. durch Teilung der Pflanze. Die Pflanzen können auch aus Blättern vermehrt werden, die aber unbeschädigt sein müssen.

Pinguicula moranensis [132] *LENTIBULARIACEAE*

Die Fettkrautarten sind insektenfangende Pflanzen mit auffallenden, ganzrandigen, fleischigen Blättern. Die Blütenstände sind 5–15 cm hoch und bestehen aus gelben, purpurfarbenen oder violetten Blüten. Die Krone ist am Schlund weit geöffnet und mit

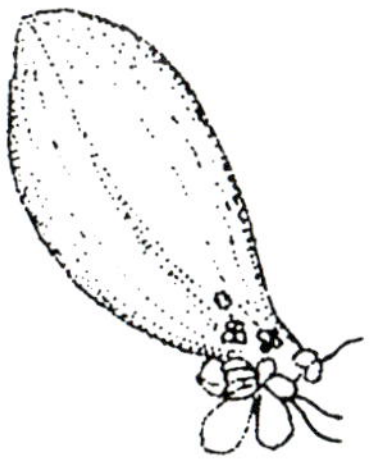

Pinguicula moranensis: vegetative Vermehrung durch ein Blatt.

einem langen Sporn ausgestattet. Die Frucht ist eine Kapsel mit zahlreichen Samen. Die Fangeinrichtung sind die Blätter, die oberseits dicht von gestielten Drüsen besetzt sind, die eine klebrige Flüssigkeit ausscheiden. An ihnen bleiben die Insekten hängen. Außerdem sind sitzende Drüsen vorhanden, die eine schleimige, enzymhaltige Flüssigkeit ausscheiden. Die Enzyme zersetzen den Körper der gefangenen Tiere. Bei manchen Arten können sich die Blätter am Rand einrollen und das Opfer einhüllen. In der Natur wächst das Fettkraut auf feuchten, an Stickstoff und anderen Elementen armen Böden, an steinigen Stellen, in Quellgebieten, auf nassen Felsen oder Moorwiesen, Torfmooren oder in Moorerde, von den Niederungen bis zur nivalen Stufe. Meistens sucht es Stellen mit einer hohen Luftfeuchtigkeit auf. Die vorliegende Art bildet dichte Blattrosetten. Ihre Blätter glänzen, was durch die vielen Drüsen verursacht wird. Die Blüten haben einen Durchmesser von etwa 5 cm. Die einzelnen Kronblätter sind schmal, so daß sie einander nicht berühren (im Unterschied zu der ähnlichen Art *P. colimensis*). Der Sporn ist drei- bis viermal so lang wie die Kronröhre. Die Pflanzen vertragen auch ungünstige Lichtverhältnisse gut und brauchen im Winter keinen kühleren Standort.

132

133

134

Kannenstrauch [133, 134] (*Nepenthes*–Hybride) *NEPENTHACEAE*

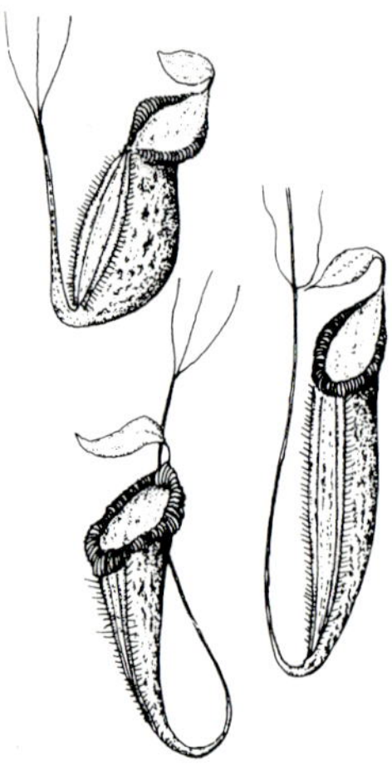

Kannen verschiedener Arten der Gattung *Nepenthes*.

Die Kannenstrauchgewächse sind insektenfangende Pflanzen, denen besondere Organe, die krugförmigen Kannen, als Tierfalle dienen. Sie sind mit einem Deckel ausgestattet und haben einen verdickten, glatten Rand, an dem die Insekten ausgleiten und in die Kanne fallen. Sie können nicht mehr zurück. Im unteren Teil der Kanne befindet sich eine saure Flüssigkeit, die das Enzym Pepsin enthält, das den Körper der Insekten zersetzt. Die inneren Wände und Ränder sind mit kleinen Drüsen besetzt, deren Flüssigkeit die Insekten anlockt. Bei der abgebildeten Art können die Kannen bis 30 cm lang werden. Sie sind gelbgrün, im unteren Teil rötlich gefleckt mit einem kastanienbraunen Rand. Um gut zu wachsen, brauchen die Pflanzen das ganze Jahr über Licht, aber keine direkten Sonnenstrahlen, viel frische Luft und eine hohe Luftfeuchtigkeit. Die Temperaturansprüche sind von Art zu Art unterschiedlich. Als Substrat wird eine Mischung aus Tüpfelfarn, Torfmoos, grober Lauberde, zerriebener Rinde und Holzkohle verwendet. Die Gattung *Nepenthes* umfaßt etwa 70 Arten. Am häufigsten werden verschiedene Hybriden kultiviert, die widerstandsfähiger und oft viel dekorativer sind als die Ausgangsarten.

Schlauchpflanze [135] (*Sarracenia rubra*) *SARRACENIACEAE*

Die Blätter der insektenfangenden Schlauchpflanzen haben eine charakteristische Form: Sie sind zur Mitte der Rosetten hin röhren- oder sackförmig und weisen eine Flügelleiste auf. Sie werden als Schläuche bezeichnet. In ihrem Inneren befinden sich Drüsenhaare, die den Körper der gefangenen Tiere zersetzende Enzyme ausscheiden. Die Schläuche sind von einem Blattabschnitt in Deckelform überdacht. Sehr interessant sind die bis 8 cm langen nickenden Blüten, die einzeln aus einem langen, dicken Schaft hervorwachsen; sie duften nach Veilchen. Der Kelch ist fünfzählig, ausdauernd. Die fünfzähligen Kronblätter sind abfallend. Der Griffel ist schirmförmig. Die Gattung *Sarracenia* umfaßt 8 Arten, die im atlantischen Teil von Nordamerika verbreitet sind. Die vorliegende Art verlangt einen hellen, luftigen Standort und im Winter niedrige Temperaturen. Als Substrat dient lebendes Torfmoos mit Torf, Sand und Holzkohle. Unerläßlich ist ständige Boden- und Luftfeuchtigkeit.

135

136

Sarracenia purpurea [136] *SARRACENIACEAE*

Die Schlauche sind bei dieser Art 15–45 cm lang, in der Mitte bis 10 cm dick, mit breiten Leisten. Die Kronblätter sind purpurrot und fallen zusammen mit den Staubblättern innerhalb von 14 Tagen nach Entfaltung der Blüten ab. Die Blüte richtet sich dann auf und bleibt so bis zum Herbst. In der Natur tritt die Art an sumpfigen Stellen und an den Ufern stehender Gewässer an der Ostküste Nordamerikas auf. Ins Binnenland reicht sie bis in die Umgebung der Großen Seen. Beim Kultivieren der Schlauchpflanzen muß man vor allem die Temperaturansprüche der verschiedenen Arten an ihren natürlichen Standorten berücksichtigen. Sie sind sehr unterschiedlich. Die angeführte Art ist abgehärtet und verträgt im Winter auch leichte Fröste. Deshalb kann man sie in Westeuropa auch in der freien Natur ziehen, wo sie sogar heimisch wird. Im Sommer verlangt sie Beschattung. Die Schlauchpflanzen werden am häufigsten vegetativ vermehrt, indem man Pflanzenbüschel und Ausläufer vorsichtig teilt. Bei der Vermehrung durch Samen müssen diese gleich nach dem Reifen ausgesät werden, da sie ihre Keimfähigkeit rasch verlieren. Zur Aussaat verwendet man flache, mit feuchtem Torf gefüllte Schalen, an deren Oberfläche man die Samen ausstreut und mit einer Glasplatte bedeckt. Schon die jungen (etwa 2 cm hohen) Pflanzen werden umgepflanzt.

Venusfliegenfalle [137] (*Dionaea muscipula*) *DROSERACEAE*

Dies ist die erste Pflanze, bei der festgestellt wurde, daß sie fleischfressend ist. Sie ist auch die einzige Festlandpflanze, die die Insekten durch rasches Zusammenklappen der Blätter fängt. Die Blätter stehen in einer Bodenrosette, deren Durchmesser 7–15 cm beträgt. Die Stiele sind flügelartig verbreitert, ihr basaler Teil bildet unter der Erde eine Art Knolle aus, die als Nährstoffspeicher dient. Die Spreiten sind die eigentlichen Fangvorrichtungen; sie sind nicht ganz 3 cm lang, rundlich, am Rand mit langen steifen Wimpern besetzt. Beide Blatthälften können blitzschnell zusammenklappen und das Insekt einschließen. Die innere Blattfläche ist oft rot gefärbt, von Nektarien besetzt, die die Insekten anlocken, wie auch von winzigen Drüsen, die eine Verdauungsflüssigkeit ausscheiden. Die Venusfliegenfalle kann bis 3 cm große Tiere fangen. Die Blätter bleiben einige Tage lang zugeklappt. Die weißen Kronblätter der fünfzähligen, etwa 2 cm langen Blüten sind nicht abfallend; sie welken nur und bleiben auf den Blütenstengeln. Im Winter benötigen die Pflanzen niedrige Temperaturen, etwa 5 °C. In dieser Zeit wird nur sehr wenig gegossen, die Pflanzen dürfen aber niemals austrocknen. Sie brauchen weiches Wasser und eine Luftfeuchtigkeit von fast 70 %.

137

Sonnentau [138] (*Drosera spathulata*) *DROSERACEAE*

Die Familie *Droseraceae* umfaßt nur vier Gattungen: *Drosophyllum, Dionaea, Aldrovanda* und *Drosera*. Während die ersten drei Gattungen nur je eine Art aufweisen, hat *Drosera* etwa 85 Arten. Sie sind vorwiegend auf der südlichen Halbkugel verbreitet, in Europa treten nur drei auf. Die Sonnentauarten sind kleine, ausdauernde Kräuter, meistens mit einer bodenständigen Rosette, deren Blätter dicht von Drüsenhaaren (Tentakeln) besetzt sind, die eine klebrige Flüssigkeit ausscheiden. Sie glänzt in der Sonne, woher auch der Gattungsname (griechisch *drosero* = „betaut") rührt. Die Blüten sind weiß. Die abgebildete Art bildet dicht am Boden liegende Rosetten aus spatelförmigen, dicht von roten Tentakeln bestandenen Blättern. Der aufrechte Blütenstand besteht aus etwa 15 Blüten. Die Pflanzen verlangen viel Sonne, frische Luft und eine hohe Bodenfeuchtigkeit. Sie wachsen gut auf lebendem Torfmoos oder auf Torf. Sie werden nur durch Samen vermehrt, die auf die Oberfläche einer Torfschicht gestreut werden. Man bedeckt sie nicht mit Erde, sondern deckt das Gefäß mit einer Glasplatte ab.

138

139

Kapsonnentau [139] (*Drosera capensis*) *DROSERACEAE*

Dieser südafrikanische Sonnentau weist kleine Stämmchen auf, die von den Überresten der abgestorbenen Blätter bedeckt sind. Die Blattstiele sind bis 10 cm lang, die Spreiten etwas kürzer. Sie sind dicht mit roten Drüsenhaaren (Tentakeln) besetzt. Die Blütenstände können aus bis zu 30 rosavioletten Blüten bestehen, die sich nach und nach entfalten.

Die Vermehrung erfolgt durch Samen oder Wurzelstecklinge. Die schwarzen Wurzeln sind verhältnismäßig dick, und wenn sie abgeschnitten werden, entwickeln sich zahlreiche Adventivwurzeln.

Tropenwurz [140] (*Alocasia lowii*) *ARACEAE*

140

Diese tropische Pflanze ist in den Urwäldern auf Borneo zu finden. Sie hat sehr dekorative, pfeilförmige, ledrige olivgrüne Blätter mit auffallenden weißen Streifen entlang der Nerven. Am Rand verläuft ein heller Streifen, so daß die Blätter aussehen, als wenn sie eingerahmt wären. Unterseits sind sie purpurrot. Sie vertragen Halbschatten und sogar Schatten gut, stellen aber hohe Anforderungen an die Temperatur, die etwa 25 °C betragen soll. Die Wintertemperatur kann niedriger sein, darf aber nicht unter 18 °C sinken. Die Vermehrung erfolgt durch Teilung der Ausläufer.

141

142

Gemeine Blattwurz [141] (*Colocasia esculenta* syn. *C. antiquorum*) *ARACEAE*

Diese unter dem Namen Taro bekannte Blattwurz wird wegen ihrer eßbaren Knollen überall in den Tropen kultiviert. Man genießt sie gekocht, gebraten oder gebacken. Aus den getrockneten Knollen wird Mehl bereitet oder Stärke gewonnen.

Verfügt man in der Wohnung über einen größeren Raum, den man ausreichend warm und feucht halten kann, werden sich die charakteristischen, großen Blätter dieser Pflanze darin gewiß dekorativ ausnehmen. Sie sind langgestielt, schildförmig, am Rande leicht gewellt. Die Vermehrung erfolgt durch Trieb- oder Wurzelstockstecklinge. Die Pflanze kann auch durch Samen vermehrt werden, die möglichst bald nach dem Reifen ausgesät werden, damit sie ihre Keimfähigkeit nicht verlieren.

Buntwurz [142] (*Caladium bicolor*-Hybriden) *ARACEAE*

Sie ist eine Hybride, die durch Kreuzung einiger Arten (*C. bicolor, C. picturatum* und *C. schomburgkii*) entstanden ist. Die Blätter gehören zu den schönsten, die man im Pflanzenreich findet. Die Pflanze ist sehr anspruchsvoll hinsichtlich Wärme und Luftfeuchtigkeit. Die Temperatur soll nicht unter 20 °C sinken, am besten sind 25–30 °C. Die Luft muß so feucht sein, daß sich das Wasser an den Blättern niederschlägt. Eine unschöne Eigenschaft ist die Ruhepause vom Herbst bis ins Frühjahr hinein, die durch das Abfallen der Blätter und das „Einziehen" der Pflanzen zum Ausdruck kommt. Man läßt dann die Knollen entweder in der Erde, ohne sie zu begießen, oder man bewahrt sie im Trockenen auf.

Pfeilwurz, Marante [143] (*Maranta leuconeura* 'Tricolor') *MARANTACEAE*

143

Die ursprüngliche Art ist ein immergrünes Kraut, das eine Höhe von etwa 30 cm erreicht und aus den feuchten Urwäldern Südamerikas stammt.

Die Sorte 'Tricolor' fällt vor allem durch die schön gefärbten Blätter mit sattroten Nerven und die dem Mittelnerv entlang regelmäßig angeordneten smaragdgrünen Flecken auf. Sie verlangt Beschattung und muß in einem abgeschlosssenen, ausreichend feuchten Raum gezogen werden. Im Winter wird stets nur wenig gegossen. Es empfiehlt sich, das Umsetzen der Pflanze von Februar bis Mai vorzunehmen und als Substrat eine Mischung aus Lauberde, Kompost und Torf zu verwenden. Gleichzeitig sollte nachgedüngt werden.

Tropenwurz [144] *Alocasia amazonia* *ARACEAE*

144

Die Pflanzen dieser Gattung fallen nicht nur durch die Form, sondern auch die Farbe ihrer Blätter auf. Die angeführte Art ziert das weiße Adernetz. Für ein erfolgreiches Wachstum verlangt sie im Winter eine Mindesttemperatur von 18 °C, im Sommer von mehr als 20 °C. Das Substrat muß feucht sein. Es ist unbedingt notwendig, die Pflanzen von Zeit zu Zeit zu besprühen. Im Winter brauchen sie möglichst viel Licht, im Sommer jedoch Halbschatten, kein direktes Sonnenlicht.

145

Tausendfrucht [145] (*Myriocarpa stipitata* syn. *Boehmeria argentea*) URTICACEEAE

Diese aus Brasilien stammende Pflanze wird wegen ihrer dekorativen Blätter kultiviert, die bis zu 45 cm lang und 25 cm breit sind und ein auffallendes Adernetz besitzen. Sie sind graugrün, am Rand silberweiß, oberseits etwas rauh, unterseits anliegend behaart. Die Blüten sind klein, unauffällig, in überhängenden Blütenständen mit sehr dünnen Spindeln angeordnet. An den Blütenständen läßt sich deutlich erkennen, daß es sich um ein Brennesselgewächs handelt.

Die Pflanzen verlangen nährstoffreiches Substrat und höhere Temperaturen. Man vermehrt sie durch Stecklinge. Früher wurde die Art der Gattung *Boehmeria* zugeordnet, der die bekannte Textilpflanze *B. nivea* (Ramie) angehört. Sie liefert die sogenannte Ramiefaser, die zur Erzeugung feuchtigkeitsbeständiger Gewebe, Bettwäsche und Anzugsstoffen dient.

Myriocarpa stipitata (*Boehmeria nivea*):
Der Blütenstand ist dem einer gewöhnlichen Brennessel, mit der die Art verwandt ist, sehr ähnlich.

146

Versteckblüte [146] (*Cryptanthus bromelioides* 'Tricolor') *BROMELIACEAE*

Die Versteckblüten sind kleinere, terrestrische Pflanzen, die aus den östlichen Gebieten Brasiliens stammen. Da sie leicht Schößlinge bilden, entstehen in trockenen Wäldern oft ausgedehnte Bestände. Der Gattungsname stammt aus dem Griechischen (kryptos = versteckt, anthos = Blüte) und charakterisiert die kurzgestielten, in der Blattrosette versteckten Blüten. Die Blätter sind am Rand deutlich gewellt, dornig, oft auffallend gefärbt, unterseits beschuppt. In den Blattachseln entwickeln sich zahlreiche junge Pflanzen, die man abschneidet oder abreißt und die Pflanzen so leicht vermehrt. Wegen ihrer schön gefärbten Blätter und des niedrigen Wuchses eignen sie sich vorzüglich zum Kultivieren in Fensterglashäusern, Vitrinen oder Glasgefäßen. Die Gattung umfaßt etwa 20 Arten. Am besten gedeihen sie an hellen bis halbschattigen Orten. Direktes Sonnenlicht vertragen sie nur im Winter. Die Temperatur soll ziemlich hoch sein, sie darf nicht einmal in den Wintermonaten unter 18 °C sinken. Als Substrat verwendet man Einheitserde, der Torfmoos beigemengt wird. Die Pflanzen verlangen eine hohe Boden- und Lufttemperatur. Ein zeitweiliges Austrocknen der Erde schadet nicht, es verzögert nur das Wachstum. Ähnlich wie bei den anderen Bromelien wird nur selten mit einer schwachen Lösung eines mineralischen Volldüngers nachgedüngt. Die ursprüngliche Art ist 20–40 cm hoch und bildet viele Ausläufer, durch die sie sich leicht vegetativ vermehren läßt. Die Blätter sind schwach gewellt, fein und dicht gezähnt, oberseits grün, unterseits weißlich. Die Blütenstände bestehen aus ungefähr 4 cm langen weißen Blüten. Aus dieser Art ist die interessante Züchtung 'Tricolor' entstanden, die die buntesten Blätter der Gattung *Cryptanthus* aufweist.

Cryptanthus bivittatus [147] BROMELIACEAE

Diese Art bildet kleine, flache Blattrosetten. Da die Blätter sehr charakteristisch sind, kann man die Art leicht nach ihnen bestimmen. Ihnen verdankt sie auch ihren Artnamen (lateinisch *bi* = „zwei", *vittatus* = „streifig"). Oberseits weisen die Blätter nämlich zwei sehr auffallende hellere Streifen auf. Sie sind etwa 20 cm lang, der Rand ist nur schwach gewellt und fein gezähnt. Oberseits sind sie kahl, unterseits schwach beschuppt. Es ist erstaunlich, wie schwierig es für die früheren Botaniker war, die Art in eine Gattung einzureihen. Manche ordneten sie der Gattung *Bilbergia* zu, andere der Gattung *Tillandsia* oder *Nidularium*. Die abgebildete Sorte 'It' ist wahrscheinlich eine Mutante, die unter den Hybriden erschien, an deren Entstehung *C. bivittatus* teilhatte. Diese Sorte zeichnet sich durch eine Rosette aus riemenartigen, etwa 45 cm langen und 4 cm breiten Blättern aus. Die olivgrünen Blätter weisen weiße Längsstreifen auf, der Rand und vor allem der Blattgrund sind leuchtend rosarot. Je bessere Lichtverhältnisse die Pflanze für ihr Wachstum findet, desto auffallender entwickeln sich die Streifen.

147

Guzmanie [148] (*Guzmania lingulata* 'Maior') *BROMELIACEAE*

148
149

Die Guzmanien sind tropische Pflanzen, die größtenteils aus dem nordwestlichen Teil Südamerikas stammen, nur einige Arten wachsen in Florida und in Mittelamerika. Die meisten sind Epiphyten, nur wenige leben terrestrisch. Zu dieser Gattung werden circa 100–120 Arten gezählt. Sie besitzen trichterförmige Blattrosetten, aus stets ganzrandigen Blättern. Die Blüten sind in Rispen oder in kopfförmig gedrängten Blütenständen angeordnet. Die Blattrosette der angeführten Art kann einen Durchmesser von 70 cm erreichen. Der Blütenstand ist etwa 30 cm lang mit zahlreichen zungenförmigen Deckblättern, die auffallend rot gefärbt und zurückgebogen sind. In einem Blütenstand können bis 50 weißliche oder gelbliche Blüten vereinigt sein. Die Kronblätter sind an der Spitze kapuzenförmig. Alle Guzmanien verlangen eine Temperatur um 25 °C, die auch im Winter nicht unter 18 °C sinken darf sowie Halbschatten. Sie sind sehr anspruchsvoll in Bezug auf die Luftfeuchtigkeit. In der Blattrosette kann Wasser stehen, das hin und wieder entfernt werden muß. Das Substrat darf nicht naß sein. Die Pflanzen werden in Gärtnereien vermehrt. Meistens erhält man neue

Pflanzen durch Aufzucht aus Samen, die vegetative Vermehrung durch Seitensprosse kommt verhältnismäßig selten vor.

Guzmania lingulata 'Minor' [149] *BROMELIACEAE*

Diese Sorte unterscheidet sich von der vorhergehenden durch ihre schmäleren Blätter in den Rosetten sowie die schmäleren Deckblätter im Blütenstand.

Guzmania sanguinea [150] *BROMELIACEAE*

Diese Bromelie bildet ein niedriges Stämmchen, aus dem eine flache, trichterförmige Rosette aus starren Blättern hervorwächst. Die Blätter sind die Zierde der Pflanze, denn vor der Blüte färben sie sich leuchtend rot und gelb. Die inneren Blätter sind bedeutend kürzer als die am Rand stehenden. Der Blütenstand ragt nicht aus der Blattrosette hervor, sondern ist im Trichter verborgen. Er besteht aus 7–12 etwa 6 cm langen gelben Blüten. Die Art wächst in Mittel- und Südamerika epiphytisch. Als einzige Guzmanienart verträgt sie direktes Sonnenlicht und eine ziemlich trockene Umgebung. In warmen Räumen wächst sie bei entsprechender Wassergabe gut.

150

Vriesee [151] (*Vriesea espinosae*) *BROMELIACEAE*

Die Gattung *Vriesea* zählt 180–200 Arten. Sie wurde nach dem holländischen Botaniker Hugo de Vries benannt. Die meisten Vrieseenarten stammen aus Brasilien, wo sie vorwiegend als Epiphyten wachsen. Zu ihren charakteristischen Merkmalen gehören die ganzrandigen, in trichterförmigen Rosetten angeordneten Blätter, die kleinen Schuppen auf der Innenseite der Kronblätter und die mit einem Kranz aus geraden Haaren ausgestatteten Samen.

Die nach dem ecuadorianischen Botaniker R. Espinosa benannte Art *V. espinosae* erreicht eine Höhe von 15–18 cm und bildet mit Hilfe von Ausläufern dichte Büsche. Die ährenförmigen Blütenstände sind aufrecht, schlank und etwas länger als die Blätter. Die Deckblätter sind auffallend rot gefärbt, die Krone ist blau, etwa 3 cm lang. Natürlich ist diese Vriesee in Ekuador und Peru verbreitet. Sie wächst in trockenen Wäldern auf einer Höhe von 500–800 m ü. M. und bildet dichte Bestände auf Baumzweigen.

In Innenräumen verlangt sie einen hellen sonnigen Standplatz. Da sie zur Gruppe der graublättrigen Vrieseen gehört, stellt sie geringere Ansprüche an die Feuchtigkeit als die grünen Arten. Am besten gedeiht sie, wenn sie an einem Epiphytenstamm angebracht wird. Ihrer Erscheinung nach erinnert sie an manche Tillandsien.

151

152

Nestrosette [152] (*Nidularium lineatum*) *BROMELIACEAE*

Wie alle Arten der Gattung *Nidularium* weist auch die angeführte eine bodenständige Blattrosette auf, die bis 60 cm Durchmesser erreichen kann. Die Blätter sind starr, ledrig, spitz, an den Rändern dorniggezähnt, oberseits grün, unterseits dunkelviolettrot mit zahlreichen weißen Streifen. Der Blütenstand entwickelt sich in der Mitte der Blattrosette, die er nicht überragt. Die Deckblätter ragen aus dem Blütenstand hervor und sind leuchtend rot gefärbt. Die Kronblätter sind weiß, an der Basis grün. Die Art stammt aus Brasilien, wo auch die anderen 25 Arten verbreitet sind. Sie wächst epiphytisch auf Bäumen. In Wohnungen wirkt sie außerordentlich reizvoll, besonders wenn sie an einem Stamm befestigt ist. Die *Nidularium*-Arten verlangen eine verhältnismäßig hohe Temperatur und leichte Beschattung, denn sie sind auch in der Natur an das Dämmerlicht dichter Wälder gewöhnt. Sie vertragen eine ziemlich niedrige Luftfeuchtigkeit. In der Blattrosette muß aber Wasser stehen. Die Erde soll mäßig feucht sein. Das beste Substrat ist eine Mischung aus Torf, Sand, Buchenblättern und Holzkohle oder wenigstens aus Torf mit Sand. Notwendig ist eine gute Drainage aus Blumentopfscherben oder Holzkohle. Es empfiehlt sich, die Pflanzen mit Torfmoos zu umhüllen, das die Feuchtigkeit festhält. Im Unterschied zu den ähnlichen Vertretern der Gattung *Neoregelia* entfalten sich zuerst die Blüten in der Mitte des Blütenstandes und erst dann die an der Peripherie stehenden. Ein großer Vorzug der Blüte der Nestrosette ist ihre lange Blühdauer – etwa drei Monate.

Guzmanie [153] (*Guzmania*-Hybride 'Claudine') *BROMELIACEAE*

153

Das große Interesse für die wirkungsvollen Guzmanien hat dazu geführt, daß sich viele Gärtner mit der Züchtung weniger anspruchsvoller Arten befaßt haben. Das Ergebnis waren viele neue Sorten, von denen wenigstens die vorliegende angeführt sei. Typisch sind die feuerroten Deckblätter, die seitlich abstehen. Die Blätter sind am Grund und an den Rändern manchmal rosa.

Guzmania-Hybride 'Claudine': Auf einem Epiphytenstamm findet die Pflanze ähnliche Bedingungen wie an ihrem natürlichen Standort.

Guzmania monostacha [154] *BROMELIACEAE*

Diese Bromelie bildet ein niedriges Stämmchen, dem eine flache, trichterförmige Rosette aus starren Blättern aufwächst. Der Blütenstand überragt die Rosette und ist etwa 50 cm hoch. Die etwa 3 cm langen Deckblätter sind im unteren Teil des Blütenstandes braunrot, längsgestreift und an der Spitze des Blütenstandes, wo keine Blüten mehr sitzen, leuchtend rot. Aus den Achseln der Deckblätter wachsen weiße Blüten hervor, die zu den bunten Deckblättern einen auffallenden Kontrast bilden. Die Art ist von Florida bis Bolivien verbreitet und steigt bis in eine Höhe von 2000 m ü. M. auf. Da sie epiphytisch wächst, kommt sie beim Kultivieren in Vitrinen auf Stämmen gut zur Geltung. Sie ist lichtliebend, verträgt auch Halbschatten, aber keine direkten Sonnenstrahlen. Das Substrat soll reichlich Torf enthalten und muß ständig feucht sein. Zum Gießen verwendet man, wie bei allen Bromelien, nur weiches Wasser. Die Luftfeuchtigkeit sollte 60 % betragen.

154

155

Lanzenrosette [155] (*Aechmea chantinii*) *BROMELIACEAE*

Sie gehört zu den meistkultivierten *Aechmea*-Arten. Die überaus dekorative Rosette aus starren, ledrigen Blättern ähnelt einem großen Trichter von 50–60 cm Durchmesser. Die Blätter sind 5–6 cm breit, an den Rändern mit braunen Stacheln bewehrt, die Spitze ist ebenfalls stachelig. Aus der Rosettenmitte wächst ein bis 40 cm hoher Blütenstand mit auffallenden, lebhaft rot gefärbten Deckblättern hervor. Die etwas über 1 cm langen Kelchblätter sind rot mit einer grünen Spitze, die Kronblätter gelb. Sie sind bei weitem nicht so auffallend wie die Deckblätter. 1877 gelangte die Art nach Europa.

Sie stammt aus den Regenwäldern im Stromgebiet des Amazonas. Ein großer Vorteil ist die lange Haltbarkeit der Blüten. Die Pflanzen können entweder in Blumentöpfen oder als Epiphyten auf Ästen oder Stämmen gezogen werden. Alle *Aechmea*-Arten gedeihen bei Zimmertemperatur (und höheren Temperaturen), die im Winter nicht unter 15 °C sinken darf. Die Pflanzen müssen ständig feucht gehalten werden. Steht in der Zisterne Wasser, schadet ein gelegentliches Austrocknen des Substrates nicht. Werden die Pflanzen in Blumentöpfen kultiviert, so verwendet man als Substrat eine Mischung aus Torf, Streu und Sand. Zieht man sie epiphytisch, wird der untere Teil der Pflanze in Torfmoos eingehüllt, dem etwas Erde beigemengt ist. Beim Besprühen muß darauf geachtet werden, daß Wasser in der Rosette zurückbleibt.

Neoregelie [156] (*Neoregelia carolinae* 'Tricolor') *BROMELIACEAE*

Auch diese Art besitzt eine trichterförmige Rosette. Der sehr kurze Blütenstand ist in der Mitte der Blätter verborgen. Sie ist dank ihrer schönen Blätter besonders dekorativ. Die starren ledrigen Blätter können bis 40 cm lang werden, sind oben abgestumpft (Gattungsmerkmal), mit aufgesetzter kurzer Spitze und an den Rändern dicht mit kleinen Dornen bewehrt. Die Blätter in der Rosettenmitte sind feuerrot, die anderen dunkelgrün, nur bei der Sorte 'Tricolor' gelbweiß gestreift mit einem rötlichen Schimmer. Die ursprüngliche Art stammt aus Brasilien.

Allen Neoregelien muß man höhere Temperaturen und ausreichende Luftfeuchtigkeit, die nicht unter 60 % sinken sollte, geben. In der Zisterne muß ständig Wasser stehen.

156

Gebänderte Lanzenrosette [157] (*Aechmea fasciata*) *BROMELIACEAE*

157

Diese Bromelie wird als widerstandsfähigste, wärmeliebende Art betrachtet, die als Zimmerpflanze geeignet ist. Sie erträgt auch ungelüftete, verrauchte Räume sehr gut. Sie bildet trichterförmige Rosetten aus auffallend starren, bis 50 cm langen, 6–10 cm breiten, an den Rändern kurz gezähnten, stachelspitzigen Blättern. Die grausilbernen Querstreifen auf den Blättern werden durch kleine, schuppenförmige Haare gebildet. Aus der Mitte der Rosette wächst ein dicker rosafarbener Schaft hervor, der an der Spitze einen vielteiligen Blütenstand trägt. Auffälliger als die Blüte sind die rosa Deckblätter. Der Blütenstand kann einige Monate an der Pflanze verbleiben. In ihrer Heimat Brasilien wächst die Art epiphytisch. Man kultiviert sie deshalb auf Ästen oder Stämmen, sie wächst aber auch in Blumentöpfen gut.

Aechmea fasciata 'Variegata' [158] *BROMELIACEAE*

Bei dieser Pflanze sind die Blätter mit breiten rahmfarbenen Längsstreifen charakteristisch. Neben *Vriesea splendens* gehört die vorliegende Sorte sowie die urspüngliche Art zu den beliebtesten Ananasgewächsen. Ihre Kultur ist kaum anspruchsvoll, denn die Pflanzen vertragen Zentralheizung und werden durch Temperaturschwankungen, trockene Luft und stärkere Besonnung nicht geschädigt. Das Substrat soll durchlässig und von grober Struktur sein. Der pH-Wert soll 5–5,5 betragen. Man gießt mit weichem Wasser, im Sommer direkt in die Rosetten und Blumentöpfe, im Winter wird nur die Erde feucht gehalten. Ein idealer Platz für die Kultur ist ein Epiphytenstamm. Bei der Gattung *Aechmea* ist die Bestäubung interessant. An den ursprünglichen Standorten wird sie von Kolibris vorgenommen, die durch die großen, von den Blüten ausgeschiedenen Nektarmengen angelockt werden. Obwohl diese Bestäuber in unseren geographischen Breiten fehlen, entwickeln sich die Früchte (Beeren) ohne Bestäubung und Befruchtung.

158

159

Lousianamoos [159] (*Tillandsia usneoides*) *BROMELIACEAE*

Seine langen, schnurförmigen Büschel, die von Baumästen und Felsen herunterhängen, sehen nicht wie Bromelien aus. Viel eher ähneln sie einer Flechte aus der Gattung *Usnea* (daher der Artname). Es hat keine Wurzeln, denn die erste und einzige erscheint nur bei der Keimung und geht dann zugrunde. Ihre Aufgabe ist es, die Samen an der Unterlage festzuhalten. Die schwachen Stengel von etwa 1 mm Durchmesser können sehr lang werden, an den ursprünglichen Standorten bis 8 m. Die Stengel und Blätter sind silbergrau. An der Spitze der Stengel in der Deckblattachsel entwickelt sich die einzige Blüte mit gelbgrünen Kronblättern. Das Verbreitungsgebiet der Art reicht vom südlichen Teil der USA über die mittelamerikanischen Staaten bis nach Argentinien und Chile. Sie bildet hier einige ökologische Rassen. In trockeneren (ariden) Gebieten sind die Pflanzen silbergrau, in feuchteren Gebieten mit einer größeren Niederschlagsmenge grünlich. Um sich festzuhalten, benutzen sie die verschiedensten Unterlagen, Baumäste, Telegrafenstangen, Zäune oder Mauern, verschiedene Pflanzen oder gar Felswände. Die Vermehrung erfolgt entweder durch Samen oder vegetativ. Ersteres ist seltener. Auch in der Natur vermehrt sie sich sehr leicht vegetativ, denn der Wind zerreißt die Pflanzen und überträgt sie an andere Stellen. Das Louisianamoos gehört zu den aerophytischen Pflanzen, die keine Wurzeln bilden und von Luftfeuchtigkeit leben.

160

Blaue Tillandsie [160] (*Tillandsia cyanea*) *BROMELIACEAE*

Diese Pflanze läßt sich auch in Blumentöpfen ziehen, was bei den Tillandsien nur selten vorkommt. Sie benötigt leichte Torferde, die man den Pflanzen stets in kleiner Menge geben muß, auch wenn sie epiphytisch auf Ästen kultiviert werden. Die Blätter stehen in einer dicken Rosette, die einen Durchmesser von 40 cm erreichen kann. Die Blattspreiten sind nur spärlich beschuppt. Die Deckblätter am Blütenstand sind grün bis rosarot, die Kronblätter blauviolett. Die Art wächst in Ecuador in den Regenwäldern auf einer Höhe von 600–1000 m ü. M. Sie gehört zur Gruppe der rosettenbildenden, den sogenannten *Vriesea*-Arten ähnlichen Zisternentillandsien. Die Blattrosette bildet eine Zisterne, die Wasser speichert. Außerdem wird Wasser auch durch das reiche Wurzelsystem aufgenommen.

Tillandsia plumosa [161] *BROMELIACEAE*

Weil die vielen abstehenden Schuppen auf den Blättern den Eindruck erwecken, als seien die Blätter federartig verzweigt, wurde diese Tillandsie als fiedrig bezeichnet (lateinisch *pluma* = „Feder"). Die aufrechten Blütenstände überragen die Blätter. Ihre ursprüngliche Heimat ist Mexiko, wo sie nur nördlich von Oaxaca wächst. Sie ist eine epiphytische Pflanze und wächst bis in einer Höhe von 3000 m ü. M. Sie braucht einen sehr sonnigen, hellen Platz und nur sehr geringe Wasserzufuhr.

161

162

Tillandsia sp.: Saugschuppen auf den Blättern und Stengeln.

Tillandsia atroviridipetala [162] *BROMELIACEAE*

Die Blattrosetten dieser Tillandsie stehen nicht aufrecht, sondern hängen herab. Sie bestehen aus rückwärts gekrümmten, mit silbrigen Schuppen dicht bedeckten Blättern, zu deren Farbe die sattgrünen Blüten einen interessanten Kontrast bilden. Die Art ist in Mexiko beheimatet, wo sie in Höhen über 2000 m ü. M. wächst, am häufigsten auf den Ästen des Balsambaumes (Commiphora). Auch in Kultur muß sie so angebracht werden, daß sie herabhängt. Die kleine, anspruchslose Pflanze verlangt wenig Wasser, aber ausreichende Sonnenbestrahlung.

Tillandsia bulbosa [163] *BROMELIACEAE*

Die Pflanzen wachsen in Büscheln, jede Einzelpflanze hat aber nur wenige Blätter. Auffallend ist ihre zwiebelförmig verdickte Blattbasis. Der Blütenstand ist verzweigt und weist karmesinrote Deckblätter und blaue, 3–4 cm große Blüten auf, aus denen die Staubblätter herausragen. Die Art ist lichtliebend. Sie wächst als Epiphyt auf Bäumen und tritt in Höhen um 700 m ü. M. in Mexiko, Kolumbien, Peru und Brasilien auf. Wenn sie in einer verglasten Vitrine gezogen wird, kann sie ausreichend Feuchtigkeit aufnehmen.

Tillandsia rectifolia [164] *BROMELIACEAE*

Diese mexikanische Tillandsie ist etwa 10–12 cm groß. Die Blütenstände sind nicht besonders auffällig. Sie sind wenigblütig und in der Regel nicht höher als die Blätter. Die röhrenförmigen, rahmfarbenen, am Grunde violetten Blüten werden 4 cm lang. Die Pflanze braucht Licht und ausreichende Sonnenbestrahlung.

163
164

Tillandsia tectorum [165] *BROMELIACEAE*

165

In ihrer Heimat, dem südlichen Ecuador und dem zentralen Teil Perus, ist sie ziemlich häufig und bildet dichte Bestände im Gebirge, sehr oft zwischen Felsblöcken. Der Artname *tectorum* bedeutet lateinisch „Dach“, womit in diesem Fall „Felsen“ gemeint ist. In der Natur tritt sie vorwiegend in denselben Höhenlagen auf wie die Kakteen. Auch in der Wohnung hat es sich bewährt, diese Tillandsie unter ähnlichen Bedingungen zu halten wie Kakteen. Wenn man will, daß sie gut wächst, muß man ihr einen sehr hellen, sonnigen Platz zuweisen. Mit Wasser muß gespart werden.

Tillandsia paleacea [166] *BROMELIACEAE*

166

Tillandsia mit ihren 400 Arten ist die größte Gattung der Familie *Bromeliaceae*. Sie wurde von Linné nach dem schwedischen Botaniker Tillands (1640–1693) benannt. Die Arten zeichnen sich durch ganzrandige, in Rosetten angeordnete Blätter aus. Sehr häufig verleihen ihnen die zahlreichen Schuppen, die die Feuchtigkeit aus der Luft zusammen mit kleinen Staubteilchen aufnehmen, eine silbergraue Farbe. Von den Schuppen wird das Wasser durch die Zellen in die inneren Gewebe geleitet. In Zeiten der Trokkenheit sind die Schuppen mit Luft gefüllt und reflektieren die Sonnenstrahlen. Dadurch wird die Transpiration vermindert, so

Kroton
(*Codiaeum variegatum*):
Hübsche Züchtung
in einer Bonsaischale.

167

daß es nur zu geringem Wasserverlust kommt. Die vorliegende Art hat rauh beschuppte, silbrige Blätter und blaue bis violette Blüten. Sie stammt aus Südamerika, wo sie von der Küste bis auf eine Höhe von 3000 m ü. M. anzutreffen ist. In sandigen Uferbereichen bildet sie ausgedehnte Bestände. In Wohnungen kann sie auf reinem Sand gezogen werden, braucht jedoch ausreichend hohe Luftfeuchtigkeit.

Codiaeum variegatum 'Eburneum' [167] *EUPHORBIACEAE*

Die Gattung *Codiaeum* wird gewöhnlich als Kroton bezeichnet und befindet sich unter diesem Namen auch im Handel. Mit ihren gefleckten Blättern gehört sie zu den farbenprächtigsten Blattpflanzen. Bemerkenswert ist nicht nur die Färbung der Blätter, sondern auch ihre Vielgestaltigkeit. Man trifft alle Formen von schmalen bis zu kreisrunden und von ganzrandigen bis zu gefiederten und gewellten Blättern an. Für die Sorte 'Eburneum' sind gelappte Blätter mit grünen und gelben Abschnitten charakteristisch.

Kroton, Wunderstrauch [168, 169] (*Codiaeum variegatum* var. *pictum*)

EUPHORBIACEAE

Obwohl die Gattung *Codiaeum* 14 Arten zählt, die in Malaysia und auf den pazifischen Inseln verbreitet sind, wird nur eine einzige von ihnen als Zierpflanze kultiviert. Sie wird häufig als Topfpflanze gezogen und ist in jedem warmen Tropenhaus zu finden. Sie ist ein Strauch, der bis 2 m hoch werden kann. Charakteristisch sind die immergrünen Blätter mit ihrer ledrigen, eiförmigen oder verschieden gelappten, manchmal sehr schmalen bis linearen Spreite. Wandelbar ist auch die Farbe der Blätter. Ihr sattes Grün ist oft mit Gelb, Rot, Orangerot oder Violett kombiniert. Die Blüten sind unscheinbar und tragen kaum zur Schönheit bei. Typisch für die Sorte 'Norma' [168] sind die sehr schmalen Blätter, die dermaßen gehäuft an den Stengeln sitzen, daß sie wie Büschel wirken. Die Maserung der Blätter ist nicht regelmäßig, denn jeder Fleck hat eine andere Form und Größe. Eine weitere, besonders schöne Sorte ist 'Golden Star' [169] mit breit verkehrt eiförmigen, lang zugespitzten Blättern, die eine hübsche goldgelbe Zeichnung haben. Um gut zu wachsen, müssen die Pflanzen an einem sehr hellen Platz stehen, sollten aber vor direkten Sonnenstrahlen geschützt

168

169

Codiaeum variegatum: Verschiedenartige Blätter.

werden. Nur im Winter schadet Sonnenlicht nicht. Die Pflanzen lieben höhere Temperaturen. Im Winter sind 20 °C optimal, im Sommer kann die Temperatur bedeutend höher sein. Bei niedrigeren Temperaturen beginnen die Blätter abzufallen. Besonders wichtig ist die Luftfeuchtigkeit, die nicht unter 60 % sinken darf. Reichliches Gießen genügt nicht, die Pflanzen müssen, selbst im Winter, zusätzlich besprüht werden. Da sie gegen Zugluft empfindlich sind, darf der Raum nicht zu stark gelüftet werden, und vor allem Luftströmungen sind zu vermeiden. Als Substrat sagt den Pflanzen am besten eine Mischung aus Laub- und Mistbeeterde, Torf und Sand in einem Verhältnis von 2 : 1 : 1 : 1 zu. Auf dem Boden des Gefäßes muß man eine Drainageschicht auslegen. Junge Pflanzen können alljährlich umgepflanzt werden, ältere alle 2–3 Jahre. Damit sich die Pflanzen verzweigen, müssen sie zurückgeschnitten werden. Man vermehrt sie wie die Ficusarten direkt von der angeschnittenen Pflanze.

Flamingoblume [170] (*Anthurium warocqueanum*) *ARACEAE*

Diese Art ist ein Vertreter der südamerikanischen Gattung *Anthurium*, die etwa 600 Arten zählt. Nur einige von ihnen wurden zu beliebten Zimmerpflanzen. Aus den ursprünglichen Arten, die nicht mehr bekannt sind, sind eine größere Zahl von Kulturformen entstanden. Bei der abgebildeten Art sind vor allem die Blätter auffallend,

170

deren Stiele bis 80 cm, die Spreiten bis 1 m lang werden können. Sie weisen ein silberweißes Adernetz auf. Die grüne Blütenscheide ist gekrümmt, 10 cm lang und verhältnismäßig schmal (bis 2 cm), der Kolben ist kurz gestielt. Die Pflanze ist in Kolumbien beheimatet. Sie verlangt sehr nährstoffreiche, durchlässige Erde sowie diffuses Licht. Die Temperatur soll im Winter 16–18 °C betragen, die übrigen Monate mindestens 22 °C. Vermehrt werden die Pflanzen durch Teilung der Büsche während des ganzen Jahres (mit Ausnahme von November und Dezember) oder durch Samen.

171

Anthurium clavinervium [171] *ARACEAE*

Aronstabgewächse, zu denen auch die Flamingoblume gehört, bilden nicht nur dekorative Blüten oder Blütenstände, sondern auch hübsche Blätter. Obwohl die Blätter von *A. clavinervium* weniger prächtig sind als die der vorstehenden Art oder von *A. veitchii*, können sie doch zum Schmuck des Zimmers werden. Ihre Spreiten sind überhängend, bis 25 cm lang und 18 cm breit. Oberseits weisen sie ein auffallend helles Adernetz auf, unterseits eine weißliche, in Rosa und später Grün übergehende Färbung. Der Blütenstand ist nicht sehr auffällig. Er erreicht zwar eine Länge von 30 cm, aber die Blütenscheide ist sehr schmal, nur 1 cm breit und grün, und der Kolben ist weißlich gelb. Die Art stammt aus Mexiko. In Kultur benötigt die Pflanze Wärme und gut dräniertes, ständig feuchtes Substrat, das niemals austrocknen darf. Zum Gießen verwendet man kein hartes Wasser. Damit sich die Blätter an allen Seiten gleichmäßig entwickeln können, stellt man die Flamingoblume nicht unmittelbar in die Nähe anderer Pflanzen.

Kapitel 6

PFLANZEN FÜR SONNIGE STANDORTE

Es gibt verhältnismäßig wenige, extrem lichtliebende Pflanzen. Ursprünglich kommen sie in offenen oder weingstens aufgelockerten Bereichen vor, wo jegliche Beschattung fehlt, z. B. Wüsten, Halbwüsten, Steppen, Salzböden, offene Felsen, nicht geschlossene alpine bis nivale Bestände. Bei den Zimmerpflanzen muß beachtet werden, daß sie sich durch den Eingriff des Menschen bereits ökologisch verändert haben und daß Züchtungen aus Arten, die in der Natur äußerst lichtliebend sind, in Bezug auf verringerte Lichtintensität und Beleuchtungsdauer in unterschiedlichem Maße tolerant sind. Aber auch ausgesprochen lichtliebende Pflanzen schützen sich gegen die Auswirkung direkter Sonneneinstrahlung, und zwar meist durch verschiedene Anpassungen der Blattoberfläche, wie Einrollen der Spreiten, Behaarung usw. Manche Pflanzen scheiden ätherische Öle aus, die eine Art Schutzhülle um die Pflanze bilden, so daß das Licht gestreut auf die Blätter fällt. Es existiert aber noch eine andere Beziehung zwischen Pflanzen und Licht, und zwar nicht hinsichtlich Intensität und Beschaffenheit der Strahlung, sondern bezüglich der Tageslänge. Für Pflanzen, die hohe Ansprüche an die Menge des Sonnenlichtes stellen, eignen sich am besten Terrassen, Blumenkästen oder Fenster mit Süd-, Südost- und Südwestlage.

Plumerie, Frangipani [172] (*Plumeria rubra*) *APOCYNACEAE*

In ihrer Heimat Mexiko, Venezuela und den Antillen wächst sie als Strauch oder Bäumchen mit kurzem, dickem Stamm, der zahlreiche Narben alter Blätter trägt. Auch die Äste sind auffallend dick. Auch wenn die Pflanzen gerade nicht blühen, wirken sie sehr schön durch ihre Blätter, die 30–45 cm lang, 15 cm breit, ledrig und stark glänzend sind. Während der Ruhepause, also im Winter und im Sommer, werfen die Plumerien ihre Blätter ab. Ihre Blüten mit einem Durchmesser von 5 cm duften stark. Die Kronblätter sind in den Knospen schraubig gedreht, wie es für alle Hundsgiftgewächse typisch ist. Die Blütenfarbe schwankt zwischen rosa, rot und purpurrot. Beim Kultivieren in der Wohnung muß man den Pflanzen nicht nur einen sehr sonnigen Platz, sondern auch viel Wärme geben, da sie sonst nicht blühen. Gegossen wird nur in der Vegetationszeit.

173

Riesengranadille [173] (*Passiflora quadrangularis*) *PASSIFLORACEAE*

Die Passionsblumen sind besonders interessante Gewächse, vor allem hinsichtlich ihres Blütenaufbaus. Sie stammen aus den brasilianischen und peruanischen Urwäldern, wo sie an den Bäumen emporklettern. Sie klammern sich mit Hilfe spiralig eingerollter Ranken an der Unterlage fest. Die Gattung umfaßt über 400 Arten. Der lateinische Gattungsname leitet sich von der Form der Geschlechtsorgane der Blüte ab. Die Griffel mit ihrer kugeligen Narbe ähneln kleinen Nägeln, die Staubfäden Hämmern und erinnern so an Marterwerkzeuge (lateinisch *passio* = „Leiden“, *flos* = „Blüte“). Die abgebildete Pflanze erhielt ihren Artnamen von den vierkantigen, kahlen Stengeln. Die herzförmigen Blätter sind 15–20 cm lang, zugespitzt, die Stiele mit 6 kleinen Drüsen versehen. Die duftenden Blüten haben einen Durchmesser von 12 cm, die Kronblätter sind rötlich und die in fünf Reihen um die Staubblätter angeordneten Fäden weiß und violett gefärbt. Die großen Früchte, die über 20 cm lang werden können, sind eßbar und sehr beliebt. Noch schmackhafter sind die Früchte anderer Arten, wie z. B. *P. edulis*. Sie sind sehr aromatisch und haben einen säuerlichen Geschmack, da sie viel Zitronensäure enthalten. Sie werden roh gegessen oder man bereitet Säfte aus ihnen, die man auch zum Aromatisieren von Eis, Bonbons usw. verwendet. Die Riesengranadille kann durch leicht keimende Samen vermehrt werden, oder im Sommer durch Trieb- und Wurzelstecklinge. Man bringt sie in einen Vermehrungskasten oder einen mit Erde gefüllten Blumentopf, den man mit einem Glas bedeckt. Die Bewurzelung dauert verhältnismäßig lange.

Passionsblume [174] (*Passiflora caerulea*) *PASSIFLORACEAE*

Von allen Passionsblumen wurde die angeführte Art früher am häufigsten gehalten. Seit die Wohnungen auch im Winter wärmer sind, wird sie aber seltener, denn es ist nicht mehr möglich, ihr im Winter die nötigen niedrigen Temperaturen von 8 bis 10 °C bei reichlicher Belichtung zu garantieren. In den übrigen Jahreszeiten ist volles Sonnenlicht unerläßlich, sonst blüht die Pflanze nicht. Es ist auch unerläßlich, die Pflanzen gründlich zurückzuschneiden, damit sie neue, junge Triebe bilden, an denen sich die Blüten entwickeln. Als Substrat hat sich schwerere Erde bewährt. Nachgedüngt wird jede Woche vom Frühjahr bis Herbst. Man kann die Passionsblume entweder durch Samen oder durch Stecklinge vermehren. Diese werden nur von ausgereiften Stengeln geschnitten, an denen man zwei Blätter beläßt. Sie bewurzeln sich sehr leicht bei einer Bodentemperatur um 20 °C.

174

176

177

Osterkaktus [175, 176, 177] (*Rhipsalidopsis rosea*) *CACTACEAE*

Die *Rhipsalidopsis*-Arten werden Osterkakteen genannt, weil sie regelmäßig zur Osterzeit blühen. Sie sind den Weihnachtskakteen ähnlich, von denen sie sich vor allem durch die abgerundeten Stengelglieder, die an den Rändern rot sind, und die gezähnten Borsten unterscheiden. An der Spitze jedes Gliedes befindet sich eine Areole, aus der sich die verhältnismäßig großen, trichterförmigen Blüten entwickeln. Die Frucht ist eine Beere. Diese Kakteen sind in Südbrasilien beheimatet. Am bekanntesten ist die angeführte Art mit intensiv rosa Blüten [175]. Eine andere Art ist *R. gaertneri* [176] mit leuchtend scharlachroten Blüten, die ebenfalls aus den Bergen Brasiliens stammt, wo sie epiphytisch wächst. In Kultur begegnet man aber häufiger einer Kreuzung beider genannten Arten, *R.* × *graeseri* [177]. Damit die Pflanzen im Frühjahr blühen, empfiehlt es sich, sie im Herbst für 2–3 Monate in einen kühlen Raum bei Temperaturen um 10 °C zu stellen und sie erst dann an einen wärmeren Platz zu bringen. Während der Ruheperiode sollte wenig gegossen werden, nur wenn die Erde fast ausgetrocknet ist. Diese Kakteen gedeihen auch ohne Düngung. Es ist ihnen jedoch zuträglich, wenn man hin und wieder mit einer schwachen Volldüngerlösung nachdüngt. Die Zucht in Hydrotöpfen hat sich sehr bewährt. Vermehrt werden die Pflanzen aus Stengelgliedern.

Edelpelargonie [178] (*Pelargonium-Grandiflorum*-Hybriden) *GERANIACEAE*

Auch sie sind ein Ergebnis wiederholter Kreuzungen. An ihrer Entstehung waren die Arten *P. cucullatum, P. cordatum* und *P. grandiflorum* beteiligt. Die Stengel verholzen ziemlich rasch. Die Blätter sind nur schwach gelappt, scharf gezähnt, beim Zerreiben riechen sie weniger intensiv als *P. zonale*. Die Blüten sind auffallend groß, von etwa 5 cm Durchmesser, weiß, rosa, violett oder rot gefärbt. Die Kronblätter weisen einen auffallenden, dunklen Fleck auf.

178

179

Efeugeranie [179, 180] (*Pelargonium-Peltatum*-Hybriden) *GERANIACEAE*

Diese Hybride hat typische liegende, schwach kantige, in der Regel kahle Stengel. Die Blätter sind langgestielt, die Spreiten meist fünflappig, fleischig, stark glänzend, mit kahler Oberfläche, am Rand lückig behaart. Die Blüten können einfach, halbgefüllt oder gefüllt sein, und ihre Farbe ist je nach der Sorte weiß, rosa, violett, rot oder karminrot.

180

Spitzblume [181] (*Ardisia crenata*) *MYRSINACEAE*

Sie ist ein immergrüner Strauch oder niedriger Baum. Wirkungsvoll sind ihre ledrigen dunkelgrünen Blätter, die fünfzähligen rosa Blüten mit verwachsenen Kronblättern und vor allem die vielen kleinen korallenroten Beeren, die mindestens ein halbes Jahr an der Pflanze verweilen. Typisch für die Art sind die verdickten Blattränder, in denen symbiotisch stickstoffbindende Bakterien leben. Das ursprüngliche Verbreitungsgebiet der Art reicht von Japan bis nach Indien. In der Wohnung gedeiht sie in vollem Sonnenlicht bei normaler Zimmertemperatur, im Winter verlangt sie aber eine kühlere Umgebung (15–18 °C). Sie braucht ziemlich viel Feuchtigkeit. Vermehrt wird sie durch Samen, die am besten bei einer Bodentemperatur von 20 °C keimen, oder durch Kopfstecklinge, die für die Bewurzelung eine Temperatur von 25 °C benötigen.

181

Spitzblume (*Ardisia crenata*): Blühende Pflanze.

Pereskia aculeata var. *godseffiana* [182] *CACTACEAE*

Man mag kaum glauben, daß die abgebildete Pflanze mit den großen Blättern zu den Kakteen gehört. Vom morphologischen Standpunkt her besitzt sie echte Blätter, nicht verbreiterte Stengel, die Blätter nachahmen, wie man sie z. B. bei der Gattung *Phyllocactus* antrifft.

Von der ursprünglichen Art unterscheidet sich var. *godsefiana* durch die pfirsichfarben orangegelben, unterseits rötlich überlaufenen, jungen Blätter. Sie verlangt ausreichend Licht, verträgt aber auch leichte Beschattung. Sie ist wärmeliebend, die Temperatur sollte nicht unter 15 °C sinken (das Minimum beträgt 10 °C). Die Pflanze gedeiht in Erde, die für die Kakteenzucht verwendet wird und der man Torf beimischt. Der pH-Wert soll 5,5–7 betragen. Bei Trockenheit fallen die Blätter ab. Die Pflanze verlangt regelmäßigen Beguß, der im Winter weniger ausgiebig sein soll. Die Erde darf jedoch niemals austrocknen. Vom Frühjahr bis zum Herbst sollte alle zwei Wochen nachgedüngt werden. Der Lohn für richtige Pflege sind nicht nur dekorative Blätter, sondern auch schöne Blüten. Sie sind weißlich, bis 4 cm groß und duftend. Die Vermehrung gelingt leicht durch 5–10 cm lange Stecklinge, die sich im Frühjahr bei einer Bodentemperatur von 25 °C bald bewurzeln. Die Gattung *Pereskia* zählt etwa 20 Arten, die in den tropischen Regenwäldern Amerikas verbreitet sind.

Cayennepfeffer [183] (*Capscium frutescens*) *SOLANACEAE*

Diese Pflanze ist vor allem als Gewürz bekannt. Sie kann aber auch als sehr dekorative Zimmerpflanze verwendet werden. Sie bildet niedrige, etwa 30 cm hohe, stark verzweigte kleine Sträucher. Die Blätter sind klein, zugespitzt. Die Blütenkronen sind radförmig, weiß oder schwach gelblich. Die Frucht ist morphologisch eine austrocknende Beere. Sie ist kugelig oder zugespitzt, von scharf beißendem Geschmack. Damit die Pflanzen reich blühen und später viele Früchte ausbilden, die sie lange zieren, brauchen sie viel Licht und Luft. Die Temperatur muß nicht hoch sein, höchstens 20 °C, im Winter 12–15 °C. Cayennepfeffer braucht viel Wasser. Bei zu geringer Wassergabe fallen die Blüten ab, oder, wenn die Pflanze bereits Früchte hat, schrumpfen diese ein. Es empfiehlt sich, die Pflanze einmal in der Woche mit einem Volldüngemittel nachzu-

182

düngen. Die Vermehrung durch Samen ist einfach. Die Aussaat erfolgt am besten im Februar. Die Sämlinge verlangen gleichfalls viel Licht. Die etwa 30 Arten der Gattung *Capsicum* (Paprika) wachsen in Amerika und wurden im 16. Jahrhundert von den Spaniern nach Europa gebracht.

183

Zimmerahorn [184] (*Abutilon*-Hybriden) *MALVACEAE*

Diese Hybriden sind durch Kreuzung mehrerer südamerikanischer Arten, vor allem *A. darwinii* und *A. pictum* entstanden. Es ist eine dankbare, langlebige Zimmerpflanze, die durch ihre lappigen, ahornähnlichen Blätter auffällt. Sie können je nach Sorte grün oder gelblich gefleckt sein. Sie sind groß, nickend und langgestielt. Im Sommer verlangt die Pflanze volles Sonnenlicht. Auch im Winter braucht sie ausreichend Licht. Wird sie im Schatten gehalten, so wirft sie nach und nach die Blätter von unten her ab. Im Sommer gedeihen die Pflanzen gut, wenn man sie im Garten, auf einem Balkon oder einer Terrasse aufstellt. Im Winter ist eine Raumtemperatur von 10 °C optimal. In der Wachstumsperiode wird ziemlich viel gegossen. Vor dem Umpflanzen (zeitig im Frühjahr) sollen die Pflanzen zurückgeschnitten werden. Sie regenerieren rasch, und der Strauch ist dann hübsch verzweigt. Die abgeschnittenen Zweige können zur Vermehrung verwendet werden. Als Substrat ist eine Mischung aus Heideerde, Rasenerde und Sand am besten geeignet.

Rio-Grande-Abutilon [185] (*Abutilon megapotamicum* 'Variegatum') *MALVACEAE*

Typisch für diese aus Brasilien stammende Art sind die prachtvollen Blüten, die sich nacheinander während des ganzen Jahres entfalten. Sie bildet Sträucher, die 1,5 m

184

185

hoch werden können. Sie sind reich verzweigt, die Äste sehr dünn, lang und deshalb überhängend. Die langgestielten Blätter weisen einen herzförmigen Blattgrund auf. Die einzelnen Blüten sind achselständig, langgestielt. Die Stiele sind sehr dünn und überhängend. Der Kelch ist aufgeblasen, dunkelpurpurrot. Die Kronblätter sind gelb, am Grund ebenfalls purpurrot. Die gleiche Färbung haben auch die Staubblätter, deren Fäden im unteren Teil verwachsen sind; nur ihre Spitzen sind frei. Die Sorte 'Variegatum' hat gefleckte Blätter. Diese Art ist empfindlicher als die vorhergehende. Sie erfordert eine höhere Temperatur (bis 25 °C). Die übrigen Kulturbedingungen sind dieselben.

186

Granatapfel [186] (*Punica granatum* 'Nana') *PUNICACEAE*

Wegen ihrer eßbaren Früchte wird die Art, deren ursprüngliches Verbreitungsgebiet das östliche Mittelmeergebiet bis zum Himalaja ist, in den ganzen Subtropen kultiviert. Als Zierpflanze fehlt sie in keinem Gewächshaus, und in Wohnungen kommt sie sehr gut in größeren Gefäßen zur Geltung (ähnlich wie der Oleander oder wie die Aukue). Wirkungsvoll sind die kleinen, glänzenden Blätter und vor allem die zinnoberroten Blüten. Einzigartig im Pflanzenreich ist die Anordnung der Fruchtblätter. Sie stehen in zwei Wirteln übereinander, so daß der Fruchtknoten zwei Etagen von Fächern aufweist. Die Frucht ist der Granatapfel, eine austrocknende Beere mit einem bleibenden Kelch und vielen Samen, deren Schale fleischig, von süßsaurem Geschmack ist. Aus dem Saft wird ein erfrischendes Getränk – die echte Grenadine – zubereitet. Die Gattung *Punica* besteht aus nur zwei Arten. In der Vegetationszeit benötigen sie volles Sonnenlicht und eine höhere Luftfeuchtigkeit, im Winter brauchen sie viel Licht, niedrige Temperatur (bis zu 0 °C) und wenig Bewässerung. Im Sommer ist es ihnen zuträglich, wenn man sie im Garten aufstellt. Vermehrt werden sie durch Kopfstecklinge und Samen. Die abgebildete Sorte 'Nana' hat keine eßbaren Früchte.

Osterluzei [187] (*Aristolochia grandiflora*) *ARISTOLOCHIACEAE*

In den gemäßigten Zonen sowie den warmen Gebieten der ganzen Welt sind etwa 300 Osterluzeiarten verbreitet. Diese prachtvollen Gehölze, in seltenen Fällen Kräuter, zeichnen sich durch große, wechselständige, einfache Blätter aus. Sie besitzen auffällige Blüten. Der Blütenkelch ist in Form einer Pfeife gebogen, am freien Ende kragenförmig erweitert und oft markant gefleckt.

A. grandiflora ist eine in Guatemala und auf den Antillen wild wachsende Liane. Ihre herzförmigen Blätter sind oberseits dunkelgrün, unterseits blaugrün, mit stark hervortretenden Adern. Die dekorativen Blüten sind bis 30 cm lang und 30 cm breit. Die Art verlangt ein nährstoffreiches Substrat, am besten eine Mischung aus Laub und Rasenerde mit Sand, sowie höhere Temperaturen, Beschattung und eine hohe Luftfeuchtigkeit. Es empfiehlt sich, die Pflanzen im Winter zurückzuschneiden. Sie lassen sich jederzeit leicht durch Stecklinge vermehren. Die Vermehrung durch Samen ist komplizierter, denn die Pflanzen müssen künstlich bestäubt werden.

Für die Topfkultur ist die aus Brasilien stammende *A. elegans* am besten geeignet. Sie erfordert keine Beschattung, sondern hellere und sonnige Standplätze.

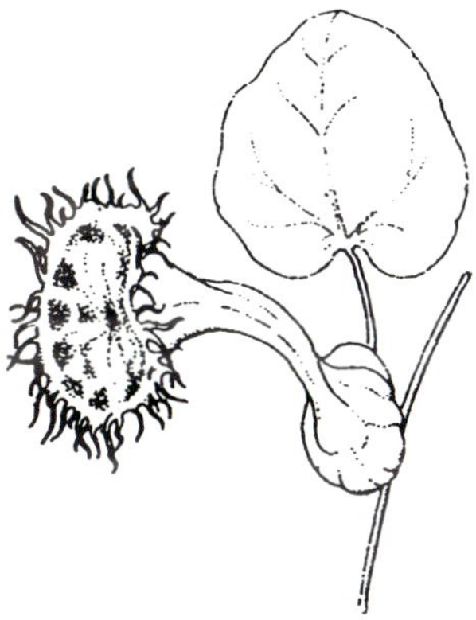

Pfeifenblume (*Aristolochia fimbriata*): Blüte.

187

188

Weihnachtsstern [188, 189] (*Euphorbia pulcherrima*) *EUPHORBIACEAE*

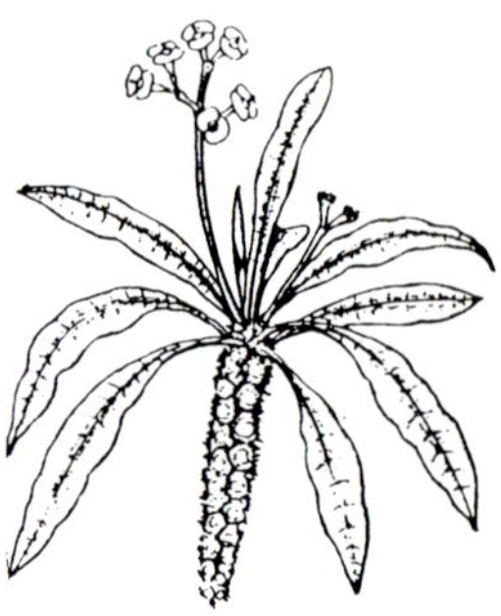

Sukkulente Triebe werden durch Stecklinge vermehrt.

Dieses Wolfsmilchgewächs heißt deshalb Weihnachtsstern, weil die großen roten Deckblätter sternförmig unter den winzigen Blütchen angeordnet sind. Es existieren viele Kultursorten, die sich durch die Färbung ihrer dekorativen Deckblätter voneinander unterscheiden. Sie können leuchtend rot oder dunkelrot ('Adventstern von Werder' [188]), weiß ('White Wonder') oder grünlich weiß ('White Ecke') sein. Auch wenn die Pflanze gerade nicht blüht, sehen die hellgrünen, ungleich gelappten Blätter sehr hübsch aus. Im Winter, während der Blüte, verlangen die Pflanzen direktes Sonnenlicht und einen Raum, in dem die Temperatur nicht unter 15 °C sinkt. Gegossen wird mit lauwarmem Wasser. Die Pflanzen werden oft nachgedüngt. Nach dem Abblühen empfiehlt es sich, den Pflanzen eine Ruhepause ohne Wasser in einem kühleren Raum zu gönnen. Erst im März wird wieder gegossen. Die Art stammt aus Mexiko, wo sie bis 3 m hoch werden kann. In Kultur vermehrt man sie durch Kopfstecklinge, die man nach dem Schneiden für eine Stunde in warmes Wasser taucht, damit das Ausfließen des Milchsaftes gestoppt wird (Vorsicht, der Saft ist giftig!). Man verwendet sie auch als Schnittblumen. Die Sorte 'Plenissima' [189] hat auffallend viele Deckblätter.

189

Jakobslilie [190] (*Sprekelia formosissima*) *AMARYLLIDACEAE*

Die Gattung *Sprekelia* hat nur diese eine Art, die ursprünglich der Gattung *Amaryllis* zugeordnet wurde. In der Erde befindet sich eine durch ihre blutroten Streifen sehr auffällige Zwiebel. Die Blätter erscheinen zur selben Zeit wie die Blüten, manchmal etwas später; sie erreichen eine Länge von 40 cm, werden aber nur 2 cm breit. An der Spitze des langen rötlichen Schaftes entwickelt sich eine einzige Blüte. Sie ist dunkelrot, 8–10 cm groß. Die Kronblätter sind flach ausgebreitet. Die Art ist in Mexiko und Guatemala beheimatet. Von dort brachten schon 1593 die Spanier ihre Zwiebeln nach Europa. Sie ist eine Halbwüstenpflanze und braucht daher zur Vegetationszeit volles Sonnenlicht. Wenn die Pflanzen im Herbst eintrocknen, wird die Zwiebel aus der Erde genommen, abgeputzt und an einem trockenen, warmen Ort aufbewahrt. Anfang März oder April wird die austreibende Zwiebel in nährstoffreiche Erde gesetzt. Auf den Boden des Blumentopfes kommt eine Drainageschicht. Die Vermehrung erfolgt durch kleine Tochterzwiebeln.

190

191

Gynure [191] (*Gynura aurantiaca*) *ASTERACEAE*

Die Art wird vor allem ihrer dekorativen Blätter wegen kultiviert. Diese sind nämlich dicht mit violetten Haaren bedeckt, so daß auf ihnen ein flaumig blauvioletter Hauch liegt. Die gleiche Farbe haben auch die Stengel.

Der Halbstrauch stammt aus den Bergwäldern Javas und gedeiht am besten in warmen Räumen. Er kann eine Höhe von 1 m erreichen, muß jedoch gestützt werden. Die Blütenstände sind aus goldgelben bis orangefarbenen Blüten zusammengesetzte Körbchen und haben pfriemliche, grüne Hüllblätter. Die Früchte sind Nüsse und tragen eine weiße Haarkrone. Die Pflanzen müssen vor direkter Sonnenbestrahlung geschützt werden, im Schatten ist jedoch die violette Färbung weniger intensiv. Da ältere Exemplare nicht mehr so besonders hübsch sind, empfiehlt es sich, sie zurückzuschneiden, die Kopfstecklinge bewurzeln zu lassen und neue, junge Exemplare heranzuziehen.

192

Hornklee [192] (*Lotus berthelotii*) *FABACEAE*

Diese interessante, von den Kanarischen Inseln stammende Pflanze kommt in Innenräumen am besten in Hängekörbchen zur Geltung. Sie besitzt nämlich zahlreiche dünne, niederliegende Zweige, die in der Pflanzenampel überhängen können. Die Fiederblätter sind aus 5–7 schmalen, etwa 2 cm langen Blättchen zusammengesetzt. Die Pflanze entwickelt immer eine Vielzahl von Blüten. Sie haben einen silbrigen Kelch und scharlachrote Kroneblätter mit schmaler, zurückgebogener Fahne und einem sehr langen, schnabelförmig verschmälerten, nach oben gekrümmten Schiffchen. Die Art verlangt humosen, lehmhaltigen Boden oder Einheitserde. Sie muß regelmäßig nachgedüngt und gegossen werden. Auf Trockenheit reagiert sie heftig mit Abwerfen der Blätter. Die Vermehrung erfolgt vor allem durch Stecklinge, aber auch durch Samen.

Ruhmeskrone [193] (*Gloriosa rothschildiana*) *LILIACEAE*

Diese Kletterlilie stammt aus dem tropischen Afrika und wird 1,5–2 m hoch. Ihre glänzenden Blätter sind gegenständig und laufen an der Spitze in eine Ranke aus, die der Befestigung an der Unterlage dient. Die Blüten sitzen einzeln auf sehr dünnen Stielen, ihr Durchmesser beträgt 10–15 cm. Der lange Griffel ist charakteristisch gelenkförmig umgebogen, die Narbe ist dreiästig. Die Vermehrung erfolgt vorwiegend durch die etwa 15 cm langen, zylindrischen Knollen, die man waagerecht in die Blumentöpfe legt. Sie sind giftig, denn sie enthalten das Alkaloid Colchicin. Schon mit den Knollen sollte als Stütze am besten ein Gitter in den Blumentopf gesteckt werden, damit man später die treibenden Knollen nicht beschädigt. Sobald die jungen Pflanzen erscheinen, stellt man die Töpfe an einen sehr hellen Platz. Im Winter trocknen die Triebe ein, weshalb im Herbst immer weniger oder überhaupt nicht mehr gegossen wird. Die Knollen überwintern bei einer Temperatur von 8–10 °C. In der Vegetationszeit wird reichlich gegossen und ebenso ausgiebig mit organischen Düngemitteln nachgedüngt. Die Ruhmeskrone ist gut als Schnittblume geeignet, denn ihre Blüten bleiben in der Vase bis 10 Tage frisch.

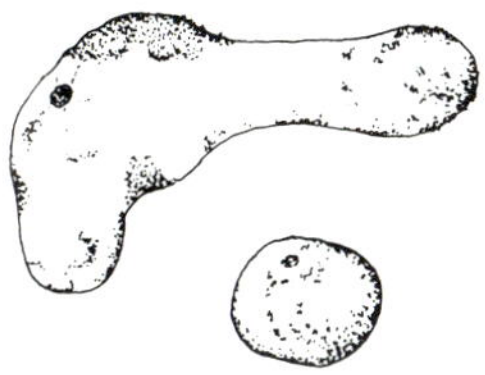

Gloriosa rothschildiana: Knollen.

193

Zylinderputzer [194] (*Callistemon citrinus*) *MYRTACEAE*

Der Gattungsname ist vom griechischen *kallos* = „schön“ und *stemon* = „Faden“ abgeleitet. Er charakterisiert das schönste Organ der Zylinderputzerblüten, die Staubblätter mit den blutroten Staubfäden. Der zylindrische Blütenstand sieht aus wie eine Bürste. Die Blätter sind stark ledrig. Die Gattung umfaßt 25 Arten, die in Australien verbreitet sind. In Wohnungen gedeihen sie sehr gut, wenn sie während der Vegetationszeit volles Sonnenlicht und im Winter einen kühleren Standplatz bekommen (am besten ist eine Temperatur von nur 5–10 °C). Es sollte reichlich gegossen werden, in der kühlen Periode deutlich weniger. Die Pflanzen kann man zurückschneiden. Man kann sie leicht über Kopfstecklinge vermehren.

194

195

Sternglockenblume [195] (*Campanula isophylla*) *CAMPANULACEAE*

Obwohl die Gattung *Campanula* etwa 300 Arten umfaßt, wird nur eine einzige als Topfpflanze kultiviert. Sie ist durch die überhängenden, brüchigen Stengel gekennzeichnet, die an den Blumentöpfen herabhängen. Wenn die Pflanzen blühen, gehen sie in der Fülle der Blüten fast unter. Die glockigen Kronen sind sternförmig geöffnet und hellblau. Oft begegnet man auch der weiß blühenden Sorte 'Alba'. Volkstümlich werden die blau blühenden Pflanzen als „Bräutigam" und die weiß blühenden als „Braut" bezeichnet. Am besten gedeihen sie am Fenster, da sie am meisten Licht bekommen. Im Frühjahr und Sommer brauchen sie viel Wasser. Da sie empfindlich gegen Dauernässe sind, müssen ihre Töpfe mit einer guten Drainageschicht ausgestattet sein. Im Winter gießt man so wenig, daß die Pflanzen gerade nicht vertrocknen und hält sie bei einer niedrigen Temperatur, am besten bei 4–10 °C. Gleich nach dem Abblühen werden sie zurückgeschnitten. Die Vermehrung erfolgt durch Samen oder Kopfstecklinge. Als Substrat eignet sich eine Mischung aus Lauberde, Torf und Sand. Während des Wachstums wird jede Woche mit einem mineralischen Volldüngemittel nachgedüngt. Die Art stammt aus Italien.

Kranzschlinge [196] (*Stephanotis floribunda*) *ASCLEPIADACEAE*

Diese immergrüne Liane hat ledrige Blätter, die denen der Wachsblume ähneln. Sie sind 7–9 cm lang, 3,5–5 cm breit, eiförmig, zugespitzt und stark glänzend. Die in achselständigen Dolden angeordneten, schönen weißen Blüten haben einen zarten Duft, weshalb sie oft als Hochzeitsblume verwendet wurden. Die Pflanzen blühen nur, wenn sie an einem warmen, hellen Ort gehalten werden. Sehr günstig ist es, besonders an heißen Sommertagen die Pflanzen zu besprühen. Sie lassen sich leicht durch Triebstecklinge vermehren, die mindestens zwei Blätter haben sollten und sich bei einer Bodentemperatur um 25 °C innerhalb von 5 Wochen bewurzeln.

196

Bleiwurz [197] (*Plumbago auriculata*) *PLUMBAGINACEAE*

Dieser Halbstrauch stammt aus dem Kapland. In der Wohnung ist er noch recht selten, wird aber häufig in Gewächshäusern kultiviert. Die aufrechten bis kletternden Zweige sind dicht mit kleinen Blättern besetzt. Die dicken, endständigen Blütenstände bestehen aus blauen Blüten mit einem röhrigen, drüsigen Kelch und einer radförmigen Krone mit sehr schmaler Röhre. Die Pflanze blüht vom Frühjahr bis zum Herbst. Man kultiviert sie ähnlich wie Pelargonien. Im Sommer ist es sehr vorteilhaft, sie im Freien aufzustellen, damit sie genügend Licht erhält. Im Winter verlangt sie

197

eine kühle Umgebung mit einer Temperatur von etwa 3–8 °C und genügend Licht. Die abgeschnittenen Spitzen werden zur Vermehrung verwendet. Sie bewurzeln sich gut in einer Mischung aus Sand und Torf. Als Substrat verwendet man Einheitserde oder eine Mischung aus Rasen- und Komposterde. Die Gattung *Plumbago* zählt nur 6–10 Arten, die in den Tropen und Subtropen aller Kontinente beheimatet sind

Ritterstern [198] (*Hippeastrum*-Hybriden) *AMARYLLIDACEAE*

Die Bezeichnung ist ein Sammelname für eine Gruppe von Hybriden, die gewöhnlich Amaryllis genannt werden. Man sieht die Pflanze oft in Innenräumen, denn die großen, glockigen Blüten belohnen für die Mühe, die die Pflege der Pflanzen macht. Aus der großen Zwiebel wächst ein dicker Schaft hervor, der an seiner Spitze eine aus mehreren Blüten bestehende Dolde trägt. Die Blätter sind derb, schwertförmig. Seit 1800, als man begann, verschiedene Arten der Gattung *Hippeastrum* zu züchten und zu kreuzen, ist es gelungen, eine ungeheuere Zahl von Sorten herauszuzüchten. Ihre Blüten sind rot (z. B. 'Cardinal'), rosa ('Beautiful Lady'), weiß ('Ludwig's Dezzler') oder zeigen eine Kombination dieser Farben. Die Pflanzen brauchen unbedingt eine Ruheperiode, sonst blühen sie nicht. In der Regel wird mit dem Wasser ab Mitte August ziemlich gespart. Dadurch beginnen die oberirdischen Teile abzusterben und die Zwiebel ruht. Man stellt sie an einen trockenen Platz mit einer Temperatur von etwa 10 °C. Im Januar wächst aus der Zwiebel ein Blütenschaft mit Blättern hervor. Man bringt die Pflanze nun in einen warmen Raum und beginnt, ausgiebig zu bewässern. Es wird einmal wöchentlich mit einer organischen Düngerlösung nachgedüngt. Die Pflanzen

198

199

gedeihen in einer Mischung aus Laub-, Mistbeet- und Rasenerde mit Sand im Verhältnis von 2 : 1 : 1 : 1. Nur die untere Hälfte der Zwiebel muß von Erde bedeckt sein.

Knollenbegonie [199] (*Begonia*-Knollenbegonien-Hybriden) *BEGONIACEAE*

Begonia-Knollenbegonien-Hybriden: treibende Knolle.

Man verwendet sie häufig für Blumenkästen oder Blumentöpfe am Fenster. Die Knollenbegonien blühen praktisch vom Frühjahr bis zum Herbst. Die Fülle der großen weißen, rosa, roten oder gelben Blüten lohnt die ohnehin nur wenig aufwendige Pflege. Vor Beginn des Frostwetters werden sie über den Knollen abgeschnitten. Die Knollen werden auf Torf in einem dunklen Raum oder im Keller (der frostfrei sein muß) aufbewahrt. Im Februar setzt man die Knollen in Sand, damit sie sich bewurzeln. Später pflanzt man sie in Erde um und setzt sie Ende Mai in die Blumenkästen. Es wird ausgiebig gegossen und einmal wöchentlich mit einem Volldüngemittel oder organischem Dünger nachgedüngt. Man vermehrt die Pflanzen durch Zerschneiden der alten Knollen. Jedes Stück muß ein Auge haben.

200

Gartenpetunie [200] (*Petunia*-Hybriden) *SOLANACEAE*

Gartenpetunie (*Petunia*-Hybr.): Sorten mit unterschiedlichem Bau der Blüten

Ursprünglich stammt die Petunie aus Südamerika, vor allem aus Brasilien und Argentinien. Nachdem sie in Kultur genommen wurde, begann man sehr bald mit ihrer Züchtung. Das Ergebnis ist eine unüberschaubare Menge Sorten, die sich nicht nur durch die Farbe der Blüten, sondern auch durch Größe und Form unterscheiden. Es ist aber interessant, daß unter den Petunienfreunden vor allem die einfach blühenden Sorten großen Anklang finden, die den ursprünglichen Arten am ähnlichsten sind. Die Petunien sind typische Blumenkästen-, Balkon- und Terrassenpflanzen. Sie sind einjährig. Nach dem Abblühen sehen sie nicht mehr hübsch aus. Man kann sie leicht durch Samen vermehren. In Wohnungen lohnt sich die Aussaat nicht, da man den Pflanzen nur ungenügend Licht bieten kann und das Pikieren ziemlich langwierig ist. Es ist daher besser, junge Pflanzen zu kaufen. Da die Petunien nur bei vollem Sonnenlicht richtig schön sind, müssen sie ausreichend gegossen werden. Sie reagieren sehr rasch auf Wassermangel, die Blätter neigen sich herab und die Blüten welken.

Die zahlreichen Sorten werden in Gruppen eingeteilt, die sich durch den Wuchs oder die Blütenform unterscheiden, z. B. Pendula – überhängende Petunien, Grandiflora – großblütige Sorten, Superbissima – mit großen, gewellten Blüten, Plena – mit gefüllten Blüten u. a.

Buntnessel [201] (*Coleus-Blumei*-Hybriden) *LAMIACEAE*

C. blumei war die Ausgangsart für eine Reihe von Hybriden, die sich vor allem durch ihre Blattfarbe voneinander unterscheiden. Mit ihren ungewöhnlichen Farbkombinationen kann wohl nur der Wunderstrauch konkurrieren. Je mehr Sonnenlicht man den Pflanzen gönnt, desto intensiver ist die Färbung. Die Buntnessel kann aus Samen vermehrt werden, rascher ist aber die Aufzucht aus Stecklingen. Es ist am günstigsten, die Stecklinge von nicht blühenden Pflanzen zu nehmen. Ältere Pflanzen sehen nicht hübsch aus. Man zieht besser jedes Jahr neue. Bei höheren Temperaturen bewurzeln sich die Stecklinge schon im Laufe von einigen Tagen. Sie verlangen nährstoffreiches, humoses Substrat. Wird die Pfanze ein- bis zweimal zurückgeschnitten, verzweigt sie sich schön. Es sind 150 Arten der Gattung *Coleus* bekannt, die in Afrika und im tropischen Asien natürlich verbreitet sind. Nach Europa gelangten sie 1851. Die ersten Zuchtversuche und zahlreiche Kreuzungen wurden seit 1866 in England von Baus durchgeführt. Es gibt eine Vielzahl von Sorten, die sich vor allem durch die Färbung der bunten Blätter unterscheiden. Zu den bekanntesten gehören z. B. 'Otto Mann' mit braunroten, gelbrandigen Blättern, 'Bien Venu' mit rotgelben, 'Brilliancy', deren bräunliche Blätter einen gezähnten goldgelben Rand aufweisen. Karmesinrote Blätter mit dunklem Rand sind für 'Red Verschaffeltii' charakteristisch. Äußerst attraktiv ist auch 'Pride of Autumn'. Bei dieser Sorte sind die Stengel und Mittelnerven der Blattspreiten weißlich, die Blätter hell karmesinrot, zum Rand hin schokoladenbraun und grün gezähnt.

201

Yamswurzel [202] (*Dioscorea vittata*) *DIOSCOREACEAE*

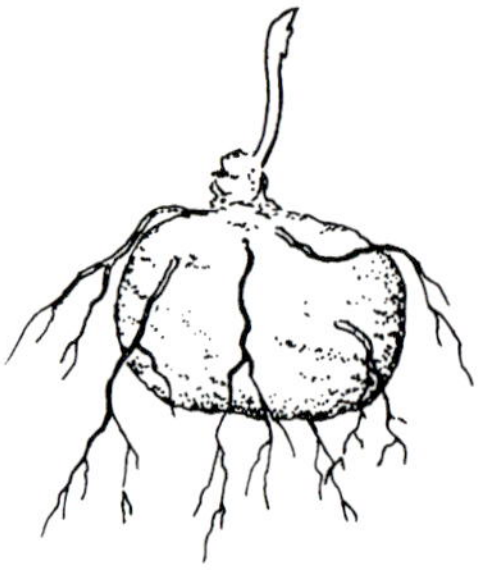

Dioscorea vittata: nährstoffreiche unterirdische Knolle.

Obwohl auch diese Pflanze sehr anspruchlos ist, ist sie noch recht selten in Wohnungen zu finden. Sie wird wegen ihrer dekorativen Blätter gehalten, nicht wegen der Blüten. Eine negative Eigenschaft hat sie allerdings: im Winter wirft sie die Blätter ab und trocknet ein. Zur Vegetationszeit wächst sie ungewöhnlich üppig. Charakteristisch sind die bunten Blätter, oberseits weisen sie silberfarbene, bogenförmig gekrümmte Adern und Flecken in der Spreitenmitte auf, unterseits sind sie karminrot. Im Winter bewahrt man die unterirdischen Knollen bei einer Temperatur von 15–18 °C auf. Ende März bringt man sie in nährstoffreiche Erde und gießt leicht, solange sie nicht bewurzelt sind. Später verlangen die Pflanzen eine höhere Bodenfeuchtigkeit. Besprühen ist eine gute Möglichkeit.

202

203

Jasmin-Gardenie [203] (*Gardenia jasminoides*) *RUBIACEAE*

Dieser nach dem amerikanischen Naturwissenschaftler Garden, der im 18. Jahrhundert lebte, benannte Strauch kann über 1,5 m hoch werden. Seine Blätter sind gegenständig, ledrig, mit großen Nebenblättern. Die intensiv und angenehm duftenden, reinweißen Blüten sind endständig und sitzend.

Durch Züchtung sind verschiedene Sorten entstanden, die sich z. B. durch gefüllte Blüten, deren Erblühen in die Weihnachtszeit fällt ('Veitchii'), auszeichnen. Besonders große, kamelienartige Blüten weist die Sorte 'Fortuneana' auf. Die Vermehrung kann durch Kopfstecklinge erfolgen, die sich in sandiger Erde bei einer Bodentemperatur von 20–25 °C im Laufe von drei Wochen bewurzeln. Nach der Bewurzelung werden die Pflanzen zurückgeschnitten, damit sie sich schön verzweigen. Sie brauchen einen sonnigen Standort und reichlich Wasser, auch Einsprühen ist ihnen zuträglich, darf aber nicht während der Blütezeit erfolgen. Die Pflanze reagiert empfindlich auf Temperaturschwankungen. Man verwendet sie auch als Schnittblume. Sie stammt ursprünglich aus China.

Kapitel 7

PFLANZEN FÜR BESCHATTETE STANDORTE

Unter den Zierpflanzen gibt es eine Reihe von Arten, die in der Wohnung einen schattigen oder halbschattigen Standort verlangen oder vertragen. Zu ihnen gehören vorwiegend Pflanzen aus den tropischen Regenwäldern. Diese Wälder haben eine mächtige Baumschicht, in der meistens drei Stockwerke unterschieden werden können. Im höchsten befinden sich die breiten Kronen einzelner 50–60 m hoher Bäume. Sie bilden keinen geschlossenen Bestand, sorgen aber mit für die Verminderung der Lichtintensität. Die dicht stehenden Bäume der mittleren Schicht sind 24–40 m hoch und haben schlankere Kronen. Die unterste Schicht besteht aus 10–15 m hohen, halbschattenliebenden Gehölzen, die oft von Lianen bewachsen sind. Sie versuchen, sich so etwas mehr Licht zu verschaffen als die Kräuter haben, die in tiefem Schatten wachsen. Die Krautschicht, die fast ausschließlich aus mehrjährigen Arten besteht, ist weniger artenreich. Beim Kultivieren von Pflanzen aus den tropischen Wäldern muß berücksichtigt werden, daß die meisten von ihnen im Vollschatten leben und daß sie zwar Licht, aber keine direkten Sonnenstrahlen vertragen. Größere Gewächshäuser oder Wintergärten beschattet man im Sommer durch Matten oder indem man das Glas weiß oder blau anstreicht. Pflanzen in Blumenfenstern oder auf der Fensterbank beschattet man durch Jalousien, oder man stellt sie im Sommer vom Fenster weg.

Kleine Flamingoblume [204] (*Anthurium-scherzerianum*-Hybriden) *ARACEAE*

Die Flamingoblumen sind sehr dekorative Blüten- und Blattzierpflanzen. Eigentlich sind sie typische Gewächshauspflanzen, werden aber oft auch in heutzutage gut beheizbaren Wohnräumen gehalten. Gewisse Schwierigkeiten hat man damit, eine genügend hohe Luftfeuchtigkeit zu gewährleisten. Nicht die ursprüngliche Art *A. scherzerianum*, die in Costa Rica und Guatemala verbreitet ist, wird in die Kultur genommen, sondern gezüchtete Sorten, die durch Kreuzung dieser Art mit anderen *Anthurium*-Arten entstanden sind. Diese Kreuzungen weisen sattrote Blüten-

205

scheiden und große, dekorative Deckblätter auf. Sie können aber auch weiß, grünlich, gelblich oder dunkelrot, seltener gefleckt sein. Der eigentliche Blütenstand wird Kolben genannt. Er besteht aus einer verdickten Spindel, die mit zahlreichen kleinen Blüten besetzt ist. Für die Kultur aller Anthurien eignet sich diffuses Licht. Da es sich um wärmeliebende Pflanzen handelt, soll die Temperatur im Winter nicht unter 18 °C sinken. Um eine ausreichende Boden- und Luftfeuchtigkeit aufrechtzuerhalten, empfiehlt es sich, die Oberfläche der Blumentöpfe mit feuchtem Moos zu bedecken oder den Topf in ein größeres Gefäß zu stellen und den Zwischenraum mit Moos auszufüllen. Die Flamingoblumen brauchen nährstoffreiche, durchlässige Erde. Bewährt hat sich eine Mischung aus Torf, Heideerde, Sand und Holzkohle mit feuchtem Moos an der Oberfläche. Die Pflanzen eignen sich auch sehr gut für Hydrokultur. Am raschesten vermehrt man sie durch Teilung älterer Pflanzen. Die Blütenstände werden wegen ihrer Schönheit und Haltbarkeit auch für die Vase geschnitten.

Große Flamingoblume [205] (*Anthurium-andreanum*-Hybriden) *ARACEAE*

Dieser Pflanze begegnet man häufig, denn ähnlich wie die vorstehende Art wird sie als Schnittblume verwendet und viel verkauft. Die Blüten halten sich in der Vase oft wochenlang. Von der roten Farbe der Blütenscheide hebt sich der gelbe, meistens dicke und gerade Kolben schön ab. Als Topfpflanze kommt die Art in Wohnungen immer häufiger vor. Die Kultur- und Pflegehinweise wurden bei der vorstehenden Art beschrieben.

Aglaonema costatum [206] *ARACEAE*

206

Sie hat einen typischen, sehr kurzen Stengel mit dichten Blättern. Die Blattspreite ist zugespitzt eiförmig, etwa 12–22 cm lang, 7–12 cm breit, dunkelgrün, mit einer weißen Mittelrippe und weißlichen Flecken auf der ganzen Fläche. Die Blüten sind klein, sie bilden einen für die Aronstabgewächse typischen Blütenstand, den Kolben, der von einer weißlich grünen Blütenscheide umhüllt ist. Auffallender als die Blüten sind die einsamigen, eiförmigen, leuchtend roten Beeren. Sie halten sich einige Monate an der Pflanze. Die Pflanzen sind im südwestlichen Teil Malaysias beheimatet. Das Kultivieren in Wohnräumen ist nicht einfach, man muß für aus-

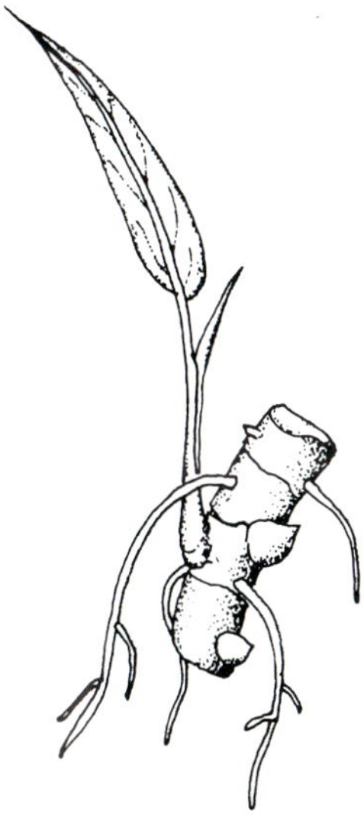

Aglaonema sp.: vegetative Vermehrung.

207

reichende Luftfeuchtigkeit sorgen. Sie gehören zu den langlebigen Pflanzen. Alte Pflanzen schneidet man zurück, die Stecklinge läßt man im Wasser Wurzeln bilden, dann pflanzt man sie in Blumentöpfe ein. Man setzt lieber mehrere Stecklinge in ein Gefäß, damit man eine dichtere Pflanze erhält.

Aglaonema pictum [207] *ARACEAE*

Der liegende Stengel ist an der Basis verzweigt. Die Blattstiele sind 3–5 cm, die Spreiten 10–20 cm lang und 4–5 cm breit. Von der sattgrünen Farbe heben sich weiße, unregelmäßige Flecken auffallend ab. In der Natur ist diese Art auf Sumatra und Borneo verbreitet. In der Wohnung ist sie nicht nur widerstandsfähig, sondern auch sehr dekorativ. Da sie in Bezug auf Licht anspruchslos ist, kann sie auch an weit vom Fenster entfernte Plätze gestellt werden. Am besten gedeiht sie jedoch in Paludarien, die in Vitrinen untergebracht sind. Pflegemaßnahmen und Vermehrung sind genauso wie bei den oben beschriebenen Arten der Gattung *Aglaonema*. In Kultur befindet sich die Pflanze seit 1880.

208

Dieffenbachia seguine [208, 209] *ARACEAE*

Sie hat große, verkehrt eiförmige, dunkelgrüne Blätter mit gelblichen oder cremeweißen Flecken, die in Streifen zwischen den Seitenrippen stehen. Im Unterschied zur Ausgangsart zeichnet sich die Sorte 'Mariana' [209] durch große, helle Blätter aus, die eher weiß als gelblich gefärbt sind. In vielen Fällen ist nicht einmal die Mittelrippe grün, sondern hell bis weiß. Da die Dieffenbachien tropische Pflanzen sind, lieben sie Wärme. Sie können ebenso gut in Räumen mit normaler Zimmertemperatur wie in warmen Gewächshäusern gezogen werden. Direktes Sonnenlicht vertragen sie nicht. Sie bevorzugen Halbschatten, obwohl Pflanzen, die genügend Licht erhalten, besser ausgefärbt und gesünder sind. Wenn sie auch keine ausgesprochene Ruhepause durchmachen, sollte man in den kühleren Monaten von November bis Februar mit dem Wasser sparen. Im Sommer darf die Erde aber nicht austrocknen, und man gießt ausgiebig. In der Vegetationszeit kann öfter mit Flüssigdünger nachgedüngt werden.

209

Zwergpfeffer, Peperomie [210] (*Peperomia caperata*) *PIPERACEAE*

Die Zwergpfefferarten sind Kräuter, die sehr oft fleischige bis ledrige Blätter aufweisen. Die Stengel sind entweder teilweise oder ganz entwickelt. Früher wurden etwa 600 Arten angegeben. Momentan besteht die Tendenz, weit verbreitete Arten zu unterteilen, so daß ihre Zahl nun auf 1000 geschätzt wird. Sie sind in Asien, Afrika, Mittel- und Südamerika heimisch. Obwohl sie ideal als Zierpflanzen sind, ist das für Wohnungen kultivierte Sortiment nicht so reichhaltig wie es die Gattung *Peperomia* verdienen würde. Man kann sagen, daß die Mehrzahl der Zwergpfefferarten auch in der Wohnung gedeihen könnte. Da sie vor allem im Unterwuchs der tropischen Regenwälder wachsen, wo sie an Dämmerlicht und Feuchtigkeit gewöhnt sind, gedeihen sie in den Wohnungen, sofern man sie besprüht. Ausgezeichnet wachsen sie in der Küche, wenn dort genügend Platz für Zierpflanzen ist, weil hier durch das Kochen die Luftfeuchtigkeit

210

höher ist. Direktes Sonnenlicht vertragen sie nicht (die Blätter werden unschön gelb). Die Vermehrung erfolgt durch Triebstecklinge oder auch nur durch Blätter, was bei den Pflanzen jedoch eher selten ist. Man steckt sie am besten in sehr sandige Erde und pflanzt sie, sobald sie sich bewurzelt haben, zu je 2–3 in Blumentöpfe. Am besten ist dafür das Frühjahr oder der Herbst geeignet. Als Substrat verwendet man eine Mischung aus Laub- und Mistbeeterde, Torf und Sand oder Einheitserde mit einem pH-Wert von etwa 6. *P. caperata* ist der häufig kultivierten Art *P. griseoargentea* sehr ähnlich. Die Pflanze bildet dichte Büsche, die Blätter sind langgestielt mit einer verhältnismäßig kleinen Spreite. Die Stiele sind saftig, aber derb, mit einem leicht herzförmigen Blattgrund, längs der Adern runzelig. Die lebhaft grüne Färbung geht an den Nerven in Olivgrün über, gegen den Stiel zu wird sie fast schokoladenbraun. Unterseits sind die Blätter blaßgrün. *P. griseoargentea* zeichnet sich durch oberseits silberfarben glänzende, unterseits weißlich grüne Blätter aus. *P. caperata* läßt sich gut in Hydrokulturen halten. Besonders dekorativ wirkt sie in Schalen, die mit verschiedenen Arten bepflanzt sind.

Peperomia obtusifolia [211] PIPERACEAE

Dieser Zwergpfeffer stammt wie die meisten Arten aus dem tropischen Südamerika. Er weist einen aufrechten oder aufsteigenden, völlig kahlen Stengel auf. Die Blätter sind gegenständig, elliptisch bis verkehrt eiförmig, 5–12 cm lang und 3 bis 5 cm breit. Im Unterschied zu der nahe verwandten Art *P. clusiifolia* sind sie deutlich gestielt. Die ursprüngliche Art hat einfarbige grüne Blätter, die Sorte 'Variegata' weist eine charakteristische gelbweiße Zeichnung auf, 'Yelli' hat dreifarbige Blätter. Die Blüten sind klein, unscheinbar und bilden aufrechte Ähren. Sie haben nur zwei Staubblätter und einen Griffel. Diese Zwergpfefferart wird entweder als Einzelpflanze in Blumentöpfen gezogen oder in Kombination mit anderen Pflanzen in Schalen, manchmal auch epiphytisch. Im letzteren Fall umgibt man die Wurzeln mit Epiphytenerde und hüllt sie gut in Torfmoos ein.

211

Äschynanthus [212] (*Aeschynanthus speciosus*) *GESNERIACEAE*

Diesen epiphytischen Halbstrauch zieren nicht nur seine großen Blüten, sondern auch seine Blätter. Sie sind gegenständig oder zu dritt in Büscheln angeordnet, ledrig, oberseits glänzend und an den Rändern schwach gekerbt. An der Spitze der bis zu 100 cm langen Triebe entwickeln sich 6–12 Blüten, die fast 10 cm lang sind. Der grüne Kelch ist verhältnismäßig klein, 8 mm lang, die Krone aber ist auffällig, fein flaumig, die Blütenröhre ist gelborangefarben und der Schlund scharlachrot. Die Staubblätter und besonders der Stempel ragen weit aus den Blüten hervor. Für ein ansehnliches Wachstum brauchen die Pflanzen genügend Licht, vertragen aber keine direkten Sonnenstrahlen. Sie sollen bei hohen Temperaturen gehalten werden, möglichst bei 22–25 °C. Die Erde darf niemals austrocknen. Sie muß leicht, aber humos sein. Am besten geeignet ist eine Mischung aus Torf, Mistbeeterde und Sand im Verhältnis 1 : 1 : 1. Die Wurzelballen sollen mit Torfmoos umgeben sein. Die Art ist eine sehr dekorative Ampelpflanze für geschlossene Blumenfenster. Sie wird durch Stecklinge vermehrt. Ihr ursprüngliches Verbreitungsgebiet ist Java, Borneo und Malaysia.

Ledebourie [213] (*Ledebouria socialis*) *LILIACEAE*

Diese Art weist eine oberirdische Zwiebel auf, aus der fleischige, schmale, zugespitzte Blätter hervorwachsen. Oberseits sind sie hellgrau mit markanten unregelmäßigen grünen Querstreifen, unterseits stark glänzend purpurrot. Die grünlichen Blüten stehen in 10 bis 25-blütigen Rispen. Die Staubblätter sind auffallend violett. Diese Art

212

stammt aus Südafrika. In Kultur vermehrt sie sich sehr rasch, weil sie viele Triebe bildet. Sie ist anspruchslos. Man kultiviert sie in humosem Substrat bei Zimmertemperatur, gießt reichlich und besprüht außerdem. Alle zwei Monate wird mit einem Volldüngemittel gedüngt.

213

Schiefblatt, Begonie [214] (*Begonia-elatior*-Hybriden) *BEGONIACEAE*

Diese Begonie gehört zu den Arten, die als Blütenzierpflanzen kultiviert werden. Sie ist eine Hybride, die in England durch Kreuzung der Art *B. socotrana* mit der Knollenbegoniensorte *B. tuberhybrida* 'Viscountess' entstanden ist. Die reichen Blütenstände

214

aus rosa bis roten, oft gefüllten Blüten, wie auch der dichte, kompakte Habitus der Pflanze und die stark glänzenden Blätter sind äußerst attraktiv. Sie benötigt einen hellen, vor direkten Sonnenstrahlen geschützten Standort. Zimmertemperatur (20–22 °C) sagt ihr zu, im Winter sollte sie nicht unter 18 °C sinken. Sie verlangt torfhaltiges Substrat und reichlich Wasser. Sie läßt sich sehr leicht von April bis Mai durch Triebstecklinge vermehren. Nachgedüngt werden soll während der Vegetationszeit in Intervallen von 1–2 Wochen.

Begonia masoniana [215] *BEGONIACEAE*

Sehr hübsch ist die Färbung der Blattspreiten, die eine dunkle, mit der grünen Farbe kontrastierende Zeichnung aufweisen. Außerdem sind sie stark runzelig und mit zahlreichen roten Haaren besetzt. Nach Europa gelangte diese Begonie erst 1959 aus China unter dem Namen 'Iron Cross' – Eisernes Kreuz, der sich auf die Zeichnung der Blätter bezieht. Sie wächst gut an Stellen, auf die von zwei Seiten Licht einfällt. Direktes Sonnenlicht beschädigt die Blätter, allzu große Beschattung ruft andererseits eine unschöne Verlängerung und schlechte Ausfärbung der Blätter hervor. An die Tempera-

215

216

tur stellt die Pflanze ziemlich hohe Anforderungen, im Winter sollte sie nicht weniger als 22 °C betragen. Junge Pflanzen brauchen noch höhere Temperaturen. Sie gedeihen gut in Einheitserde und brauchen immer genügend Torf. Sie vertragen weder ständige Nässe noch Austrocknen. Nachdüngen kann man jede Woche oder einmal in 14 Tagen. Die Vermehrung aller als Blattzierpflanzen kultivierten Begonien ist einfach. Da sie ein großes Regenerationsvermögen besitzen, werden sie durch Blätter oder Blatteile, Wurzelstöcke oder Triebstecklinge vermehrt. Am besten bewurzeln sie sich in Torf bei einer Bodentemperatur von 25 °C und hoher Luftfeuchtigkeit.

Königsbegonie [216] (*Begonia-Rex*-Hybriden) *BEGONIACEAE*

Es ist unglaublich, wie wandelbar und artenreich die Gattung *Begonia* ist. Die Zahl der Arten wird auf 1000 geschätzt, die der Sorten auf 10 000. Trotz ihrer Verschiedenartigkeit haben alle denselben, typischen Blütenbau und asymmetrische Blätter, daher auch der Name Schiefblatt. Die Königsbegonie hat sehr schöne Blätter, um derentwillen man sie auch kultiviert. Sie sind langgestielt, mit einer bis 30 cm langen und 12–20 cm breiten Spreite, oben zugespitzt, mit abgeschrägt herzförmigem Blattgrund. Der Blattrand ist gewellt und lang borstig. Am auffallendsten ist die Blattfarbe, karminrot mit einem Hauch von Braun bis Schwarz, oft mit silberweißen Bereichen. Die Pflanzen lassen sich sehr leicht durch Blattstecklinge vermehren, die sich bei Kontakt mit der Erde sehr schnell bewurzeln. Diese Art wird oft von Schimmelpilzen befallen, besonders in Wohnungen mit zu niedriger Temperatur und bei zu großer Nässe. Die weißen Beläge auf den Blättern sind unattraktiv. Auch können die Wurzeln absterben.

217

Usambaraveilchen [217] (*Saintpaulia ionantha*) *GESNERIACEAE*

Saintpaulia ionantha: vegetative Vermehrung durch Blätter.

Diese Art hat mit dem Veilchen nichts gemein, denn sie gehört einer Familie an, die systematisch von den Violaceen weit entfernt ist. Ihr Name ist wohl nur auf die ähnliche blauviolette Färbung der Blüten zurückzuführen. Es ist in Afrika verbreitet, wo auch die übrigen, etwa 20 Arten der Gattung wachsen. Sie bildet den Unterwuchs in Regenwäldern und steigt vom Meeresspiegel bis zu einer Höhe von 2000 m ü. M. auf. Wer diese Pflanze einmal zu Hause gezogen hat, wird sie sicher immer kultivieren wollen. Sie ist nämlich anspruchslos, läßt sich leicht vermehren und blüht fast ständig. Sie wird sehr leicht durch Blätter vermehrt, deren Stiele sich im Wasser leicht bewurzeln. Man kann sie auch direkt in Sand oder Erde stecken. Oft braucht man nicht ein ganzes Blatt, es genügt die Spreite. Durch Züchtung sind viele Sorten entstanden, die sich vor allem durch ihre Blütefarben unterscheiden. Sie können weiß, rosa, blau oder blauviolett sein (z. B. die Sorten 'Alba', 'Rosenkönigin', 'Blaukönigin'), andere haben Kronblätter mit krausen Rändern ('Mayfair') oder ganz krause Blätter ('Crispa'). Sollen die Blätter ihre sattgrüne Farbe behalten, darf man sie nicht direktem Sonnenlicht aussetzen. Die Pflanzen benötigen kleine Blumentöpfe. Bei einer Temperatur um 20 °C blühen sie fast das ganze Jahr. Die Erde soll genügend Torf enthalten, bewährt hat sich eine Mischung aus Lauberde, Torf und Sand. Beim Gießen achtet man darauf, mit dem Wasser nicht die Blätter zu benetzen, sonst werden sie fleckig und faulen. Unschöne, ausgeblichene Blätter sind eine Folge von direkten Sonnenstrahlen. Bei einer Sommertemperatur um 25 °C blühen die Pflanzen besonders gut.

Saintpaulia ionantha 'Foliis Variegatis' [218] GESNERIACEAE

Es wird geschätzt, daß aus der Art *Saintpaulia ionantha* bis 4000 Sorten herausgezüchtet wurden, die sich nicht nur durch ihre Blütenfarbe, sondern auch durch die unterschiedlich gefärbten und gestalteten, z. B. in verschiedenem Maße gekräuselten Blätter unterscheiden. Auch im Wuchs der Pflanzen gibt es Unterschiede. Man kann auch Miniaturformen antreffen. Alle diese Sorten wurden durch Züchtung den in Innenräumen herrschenden Verhältnissen angepaßt, so daß das Usambaraveilchen zu einer der beliebtesten blühenden Zimmerpflanzen geworden ist. Die ursprüngliche Art, die 1882 von Walter von Saint-Paul-Illair in den ostafrikanischen Usambarabergen entdeckt wurde (daher die Bezeichnung „Usambaraveilchen"), hätte sich kaum in Wohnungen kultivieren lassen. Für die Sorte 'Foliis variegatis' sind gefleckte Blätter typisch. Der Blattrand ist meist weißrosa gefärbt.

218

Zierspargel [219] (*Asparagus densiflorus*) *LILIACEAE*

Diese Art stammt aus Natal in Afrika und zeichnet sich durch zahlreiche, an der Basis verholzte, bogenförmig geneigte Stengel aus. Die dornenförmigen Blätter sind nur 3 mm lang und schwach gekrümmt. Die Phyllokladien stehen meistens zu zweit, sind 15–30 cm lang, 1–2 mm breit und zugespitzt. Die duftenden weißen Blüten sind winzig. Die reifen Beeren sind rot. Aus dieser Art entstand durch Züchtung die Sorte 'Meyeri', die gegenwärtig viel kultiviert wird (siehe Foto). Sie ist sehr dicht verzweigt und weist zahlreiche Phyllokladien auf. Sie kann eine Länge von 1 m erreichen. Die Pflanze ist ungemein wirkungsvoll und dekorativ. In Kultur verlangen die meisten Spargelarten (mit Ausnahme von *A. setaceus*) eine verhältnismäßig niedrige Temperatur, im Sommer normale Zimmertemperatur, im Winter 10–15 °C. Die Erde muß ständig feucht sein. Die Vermehrung erfolgt durch Teilung alter Büsche (in der Erde befinden sich knollenförmig verdickte Wurzeln) oder durch Samen. Hierzu werden die Beeren im Februar abgezupft. Man entnimmt die Samen und sät sie in torfhaltiger Erde aus. Sie werden mit einer dunklen Folie bedeckt, damit kein Licht an sie herankommt, denn sie keimen nur im Dunklen. Am besten ist für die Keimung eine Temperatur von 22 °C.

219

220

Kamelie [220] (*Camellia japonica*) *THEACEAE*

Auch wenn er nicht blüht, ist der immergrüne Strauch oder kleine Baum sehr schön. Die eiförmigen Blätter sind stark glänzend und lederartig. Die großen Blüten, die einen Durchmesser von 12 cm erreichen können, stehen in der Regel einzeln und sind fast sitzend. Der Kelch besteht aus fünf ledrigen Blättern, die Krone aus 5–7 Kronblättern mit zahlreichen Staubblättern. Es ist interessant, daß in der Natur bei der Bestäubung Vögel beteilíht sind. Als ursprüngliche Art wächst sie in Japan, Korea und China. Die Gattung *Camellia* umfaßt etwa 80 Arten, als Zimmerpflanze wird aber nur *C. japonica* verwendet. Das Kultivieren ist kompliziert. Die Pflanze verlangt viel Licht, am besten gedeiht sie in kühlen Räumen am Fenster, man muß sie aber vor Sonnenbestrahlung und Zugluft schützen. Die Pflanze darf auch nicht gedreht werden. Im Winter soll die Temperatur niedrig sein, etwa 5–10 °C. Bei Temperaturen über 15 °C besteht die Gefahr, daß die Knospen abfallen. Im Sommer ist es am besten, die Pflanzen an einen halbschattigen Platz im Garten zu stellen. Sie benötigen viel Wasser, besonders im Sommer. Im Winter gießt man in Abhängigkeit von der Temperatur, je niedriger sie ist, desto weniger wird bewässert. Kalk vertragen die Pflanzen nicht. Ein geeignetes Substrat ist nährstoffreiche Erde mit Torf und Sand. Am Boden der Gefäße muß sich eine gute Drainage befinden. Gedüngt wird im April und Mai und dann wieder im August, am besten mit organischem Dünger oder Volldüngemitteln. Vermehrt werden die Pflanzen auch durch Kopfstecklinge, zur Bewurzelung braucht man aber einen Vermehrungskasten, wo eine Bodentemperatur von 25 °C und eine Lufttemperatur von 20–22 °C aufrechterhalten werden können.

Fingeraralie [221] (*Dizygotheca elegantissima*) *ARALIACEAE*

Dieses Gehölz hat ungemein wirkungsvolle Blätter. Als Topfpflanze bildet sie in der Regel ein gerades, unverzweigtes Stämmchen. Ihre sehr langen Blätter sitzen an dünnen Stielen, die grün und gelb gefleckt sind. Die Spreiten sind aus 7–9 sehr schmalen, olivgrünen Blättchen zusammengesetzt. Der Mittelnerv und die Spitze sind rötlich, der Rand ist auffallend gezähnt. In Kultur werden keine Blüten und Früchte ausgebildet, denn man zieht meistens Jungpflanzen. Diese unterscheiden sich ziemlich stark von den erwachsenen Pflanzen, was in der Natur die Bestimmung der einzelnen Arten erschwert. Die genaue Artenzahl der Gattung *Dizygotheca* ist nicht bekannt, sie wird auf etwa 15 geschätzt. Sie wachsen in Polynesien und Neukaledonien, auch die vorliegende Art stammt aus diesem Gebiet. Die Kultivierung ist nicht ganz einfach. Die Pflanze verlangt 70 %ige Luftfeuchtigkeit, verträgt aber keine zu nasse Erde. Sie gedeiht gut in Hydrokultur. Man vermehrt sie entweder aus importierten Samen oder durch Pfropfen auf die verwandte Art *Meryta denhamii*.

Wechselblättriges Zypergras [222] (*Cyperus alternifolius*) *CYPERACEAE*

Die Arten der Gattung *Cyperus* sind nicht nur wichtige Nutzpflanzen, sondern auch sehr dekorativ. Man denke nur daran, welchen Nutzen die Art *C. papyrus* den Menschen gebracht hat, aus der die Ägypter vor fast 3000 Jahren v. C. Papier herzustellen begannen, oder wie nützlich *C. esculentus* (Erdmandel) durch seine eßbaren Knollen ist. Hier seien aber eher die dekorativen Eigenschaften der Zypergrasarten besprochen. *C. alternifolius* ist oft in Innenräumen zu finden. Das Zypergras stammt von Madagaskar und den benachbarten

221

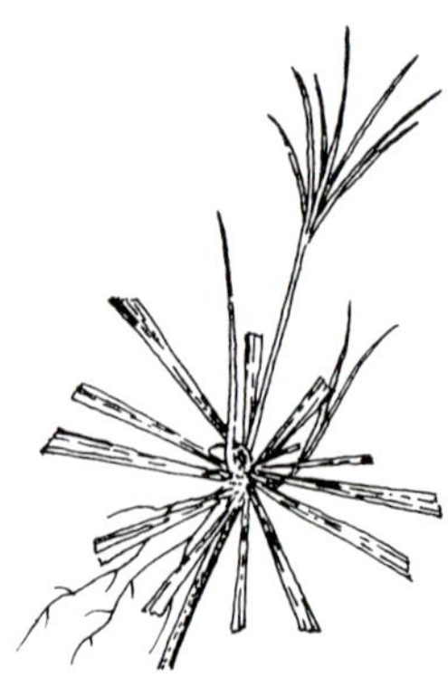

Cyperus:
vegetative Vermehrung aus Knospen und Blättern.

Inseln, wo es undurchdringliche Bestände in Gewässernähe bildet. In der Wohnung wird es 50–100 cm hoch und bildet dichte Büsche. An der Spitze seiner dreikantigen Stengel, die für die ganze Familie typisch sind, stehen 25 cm lange und 1 cm breite Blätter. Die Pflanze eignet sich sehr gut für Paludarien. Zieht man sie in einem Blumentopf, muß man diesen in einen Untersatz mit weichem Wasser stellen. Es verträgt auch hohe Temperaturen gut (im Sommer sogar 30 °C), gedeiht aber auch bei normaler Zimmertemperatur. Es verlangt einen hellen Standort. Als Substrat verwendet man eine Mischung aus Mistbeeterde, Kompost und Sand. Die Vermehrung gelingt sehr leicht, denn es genügt, die Büsche zu teilen. Will man aber mächtigere Büsche haben, so teilt man sie nicht, sondern schneidet eine Blattrosette mit einem etwa 1 cm langen Stengelstück ab und läßt sie im Wasser Wurzeln bilden. Es ist ratsam, die Blätter einzukürzen.

223

224

Zimmerazalee [223, 224] (*Rhododendron simsii*) *ERICACEAE*

Die Stammform unserer Zimmerazaleen ist *R. simsii*, die in China und auf Taiwan verbreitet ist. Die ersten Azaleen gelangten 1808 nach Europa und waren schon Kreuzungen aus einem japanischen Garten. Da sie großes Interesse bei den Pflanzenliebhabern erweckten, begann man mit ihrer Züchtung, zuerst in Belgien und Deutschland. Gegenwärtig existiert somit eine große Anzahl von Sorten, die nach der Blütezeit in frühe, mittelfrühe und späte eingeteilt werden. In jeder dieser Gruppen befinden sich viele Sorten, die sich durch den Bau oder die Farbe ihrer Blüten (rosa, rote, violette, halbgefüllte, gefüllte usw.) unterscheiden. Die Azaleen verlangen diffuses Licht. Von Mai bis September stellt man sie nach Möglichkeit im Halbschatten in den Garten. Nachdem man sie vor Frostbeginn in die Wohnung zurückgebracht hat, muß man eine Temperatur von 5–12 °C aufrechterhalten. Sobald die Knospen groß genug sind, kann sie auf 18 °C erhöht werden. Am besten gedeihen sie in einer Mischung aus Torf, Heide- oder Nadelerde mit Sand. Die Erde muß grob und lufthaltig sein, mit einem pH-Wert um 4. Es wird reichlich gegossen, im Sommer ruhig zweimal täglich, im Winter wird die Wasserzufuhr außerhalb der Blütezeit herabgesetzt. Die Pflanzen sollen aber nicht austrocknen. Zum Gießen eignet sich am besten Regenwasser. Auf keinen Fall darf das Wasser Kalzium enthalten. Nach dem Abblühen müssen die Pflanzen in größere Gefäße umgetopft werden. An Azaleen kann man bei richtiger Pflege mehrere Jahre Freude haben.

225

Hortensie [225, 226] (*Hydrangea macrophylla*) *HYDRANGEACEAE*

Die reichen, farbenprächtigen Blütenstände dieser Art sind gewiß sehr auffällig und dekorativ. Sie können weiß, rosa, rot oder blau gefärbt sein und sind bei richtiger Pflege sehr lange haltbar. Die Pflanzen verlangen einen hellen Standplatz und eine Temperatur von 14–18 °C. Als Substrat ist eine Mischung aus Kompost, Rasenerde, Torf und Sand im Verhältnis 1 : 1 : 2 : 1 (pH 4,5–5,5) am besten geeignet. Im Frühjahr und Sommer sollten die Pflanzen nachgedüngt werden, im Winter bringt man sie an einen kühlen Ort mit einer Temperatur von 5–8 °C und stellt das Gießen bis Januar ein. Später bringt man sie wieder in einen wärmeren Raum, wo sie bei regelmäßiger Wasserzufuhr und Düngung Blüten entwickeln. Die Art stammt aus Japan. Sie ist eine beliebte Zimmerpflanze, wird jedoch auch in Gärten, auf Friedhöfen und in Parks mit Erfolg kultiviert.

226

227

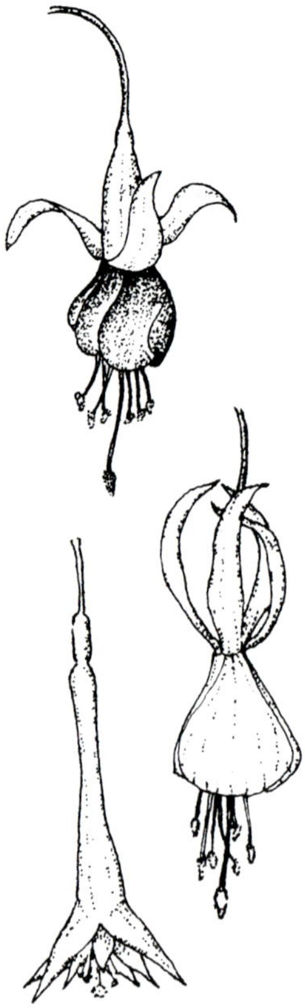

Fuchsia-Hybriden: Blüten verschiedener Sorten, unten Blüte von *Fuchsia fulgens*.

Fuchsie [227] (*Fuchsia*-Hybriden) *ONAGRACEAE*

Wer die Möglichkeit hat, im Winter die Pflanzen an einem kühlen und hellen Platz unterzubringen, kann Fuchsien ohne Bedenken kultivieren. Sie sind sehr dankbare Pflanzen, deren verschiedenartige Blütenformen und Farbvarianten von Kelch- und Kronblättern alle Aufmerksamkeit auf sich ziehen. Man unterscheidet an die 100 Arten und eine große Anzahl von Sorten. Die Fuchsien stammen aus Mittel- und Südamerika, wo sie in Wäldern wachsen und bis in eine Höhe von 3000 m ü. M. aufsteigen. Nur einige Arten wachsen in Neuseeland und auf Tahiti. In Kultur befinden sie sich seit Ende des 18. Jahrhunderts. Die Blüten zeichnen sich durch eine lange Röhre, einen meist rot gefärbten Kelch und eine weiße Krone aus. Manche Arten sind auffallend klein, andere groß, einfach, halbgefüllt. In Wohnungen gedeihen sie an Plätzen, an denen sie zwar genügend diffuses Licht bekommen, aber nicht im direkten Sonnenlicht stehen. Im Sommer haben es die Pflanzen sehr gern, wenn man sie in Gärten oder auf Balkons aufstellt. Sie müssen regelmäßig gegossen werden, die Erde darf nicht austrocknen, da sonst die Blätter abfallen. Fuchsien lassen sich sehr leicht durch Kopfstecklinge vermehren. Bei einer Bodentemperatur um 20 °C bewurzeln sie sich im Laufe von 10–20 Tagen. Will man reich verzweigte Sträucher erhalten, so muß man die Triebspitzen abknipsen und alle 14–21 Tage düngen. Die Pflanzen überwintern bei Temperaturen von 6–10 °C an einem hellen Standort und werden alle 1–2 Monate gegossen. Im Februar beginnt man mit der normalen Bewässerung und topft die Pflanzen um.

Fuchsia-Hybride 'Márinka' [228] *ONAGRACEAE*

Die abgebildete Fuchsie ist eine von mehreren hundert hochgezüchteten und beschriebenen Sorten. Nur ein Spezialist ist aber imstande, sie voneinander zu unterscheiden. Die Kultur der Sorten (die bei der vorstehenden Art beschrieben wurde) ist einfach. Dasselbe gilt auch für ihre Vermehrung, denn die Stecklinge bewurzeln sich verhältnismäßig rasch, auch wenn sie nur in ein Glas mit Wasser gestellt werden, dessen Temperatur 18–22 °C betragen sollte. Stecklinge kann man von Ende Winter bis Ende Sommer schneiden. Die Sorte 'Márinka' eignet sich nicht nur für Innenräume, sondern kann auch auf Balkons und in Kästen auf Fensterbrüstungen gezogen werden.

228

Hyazinthe [229] (*Hyacinthus orientalis*) *LILIACEAE*

Wer kennt sie nicht, die Hyazinthen, deren duftende Blüten in den Wintermonaten die Wohnungen schmücken! Ihre Heimat ist das östliche Mittelmeergebiet, und sie befinden sich schon jahrzehntelang in Kultur. Will man die Hyazinthe im Winter zum Blühen bringen, pflanzt man die Zwiebel im September bis Oktober in einen Topf mit nährstoffreicher, durchlässiger Erde (z. B. Einheitserde) und läßt sie bei einer Temperatur um 10 °C etwa 11 Wochen stehen. Wenn die Blätter 5 cm lang sind, stellt man den Blumentopf im Dunkeln auf oder bedeckt ihn mit einer Papiertüte. Man läßt ihn eine Woche bei einer Temperatur von etwa 24 °C stehen. Dann deckt man die Pflanze auf, verringert die Temperatur auf die normale Zimmertemperatur, und sie beginnt bald zu

229

Cyclamen persicum: Blüten verschiedener Sorten.

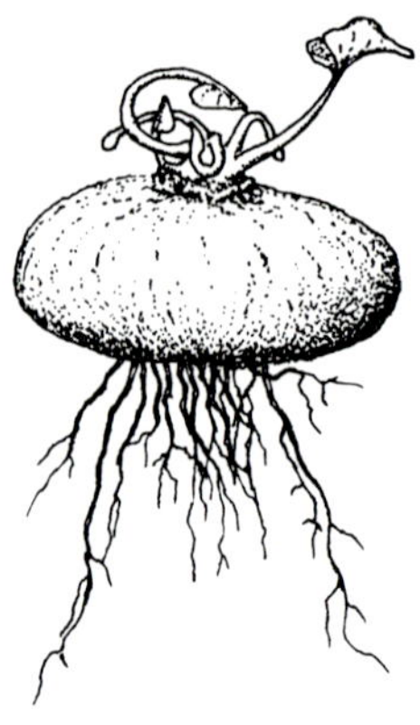

Cyclamen persicum: treibende Knolle.

230

blühen. Wenn man möchte, daß die Hyazinthe auch im nächsten Jahr blüht, täuscht man nach dem Abblühen durch Rücknahme der Bewässerung eine Ruhepause vor, bewahrt die Zwiebel an einem trockenen kühlen Ort auf und wiederholt im Herbst die beschriebenen Maßnahmen. Die Blütenstände sind dann aber bedeutend schwächer. Es ist viel sinnvoller, nach dem Abblühen der Pflanzen im Zimmer die Zwiebeln im Freien ins Beet zu pflanzen.

Alpenveilchen [230] (*Cyclamen × persicum*) *PRIMULACEAE*

Das Alpenveilchen wird meistens nur zur Blütezeit aufgestellt. Unter richtigen Kulturbedingungen kann man aber erreichen, daß es wiederholt blüht. Am wichtigsten ist es, die Pflanzen, die im Winter Knospen angesetzt haben, bei niedriger Temperatur, ungefähr 12–15 °C, zu halten. Unter diesen Bedingungen blühen viele Alpenveilchen den ganzen Winter über. Ebenso wichtig ist genügend Licht ohne direkte Sonnenstrahlen. Die Pflanzen müssen reichlich gegossen werden, sonst welken die Blätter und Blüten rasch. In der Ruheperiode, also von Mai bis Juni, wird hingegen sparsam gegos-

231

sen. Die Alpenveilchen eignen sich auch als Schnittblume. Damit die Blüten in der Vase länger halten, schneidet man den Blütenstiel unten einigemal der Länge nach ein. Die Gattung *Cyclamen* umfaßt 14 Arten. *C. persicum* ist in Kleinasien natürlich verbreitet. Die ursprüngliche Art ist in Kleinasien beheimatet, unterscheidet sich jedoch beträchtlich von den zahlreichen hochgezüchteten Sorten.

Losbaum [231] (*Clerodendrum × speciosum*) *VERBENACEAE*

Die Gattung *Clerodendrum* umfaßt etwa 450 Arten, die vor allem in den tropischen und subtropischen Gebieten Asiens und Afrikas verbreitet sind. Es handelt sich um Sträucher oder rankende Lianen mit interessant gestalteten, hübschen Blüten. Eine sehr beeindruckende Art ist *C. thomsonae*, deren Blüten weiße Kelch- und dunkelrote Kronblätter aufweisen. Ganz rot sind die Blüten von *C. splendens*. Der abgebildete Bastard *C. × speciosum* ist eine Kreuzung dieser beiden Arten. Er läßt sich ohne Schwierigkeiten kultivieren. Obwohl die Pflanze lichtliebend ist, muß man sie vor direkter Sonnenbestrahlung schützen. Im Winter braucht sie eine Ruhepause und sollte hierfür zwei Monate in einem Raum mit einer Temperatur von etwa 12 °C untergebracht werden. In dieser Zeit wird auch wenig Wasser gegeben und die Erde nur angefeuchtet, wenn sie ausgetrocknet ist. In der Wachstumsperiode wird jedoch ausgiebig gegossen. Im Frühjahr empfiehlt es sich, die Pflanzen zurückzuschneiden, wodurch ein dickerer Wuchs und eine ansprechendere Gestalt erreicht werden.

Herzenskelch [232] (*Urceolina grandiflora*) *AMARYLLIDACEAE*

Aus den kugeligen, etwa 5 cm großen Zwiebeln wachsen 2–4 lebhaft grüne, über 30 cm lange, etwa 15 cm breite, parallelnervige Blätter hervor. Prachtvoll ist der Blütenstand, der meistens aus 3–6 weißen Blüten von 6–8 cm Durchmesser besteht. Die Kronkelchröhre ist schmal, gerade oder schwach gebogen und verbreitert sich nach oben zu 6 Kronkelchzipfeln. In der Mitte befindet sich eine ebenfalls weiße, kragenförmige Nebenkrone, an der die Staubblätter angewachsen sind. Bei richtiger Kultur kann diese kolumbianische Art zu einer mehrjährigen Zimmerpflanze werden. Als geeignetes Substrat gilt eine Mischung aus Laub- und Rasenerde mit Sand. Im Sommer gedeiht die Pflanze bei einer Temperatur von 20 °C. Während des Wachstums und Blühens wird reichlich gegossen, gesprüht und jede Woche abwechselnd mit einem organischen und einem Volldüngemittel gedüngt. Nach dem Abblühen schränkt man das Gießen etwa einen Monat stark ein. Die Pflanze kann zwei- bis dreimal im Jahr blühen. Sie wird durch Brutzwiebeln vermehrt. In Gärtnereien wird sie zum Schnitt kultiviert.

Der frühere Gattungsname der Art, *Eucharis* (griechisch „anmutig"), bringt die Schönheit dieser Pflanze zum Ausdruck. Sie ist in den Anden Kolumbiens beheimatet, wo noch sieben weitere Arten der Gattung auftreten.

232

233

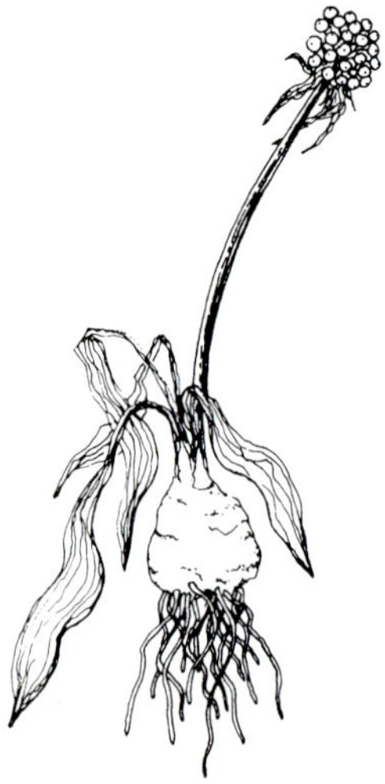

Haemanthus katharinae: treibende Knolle.

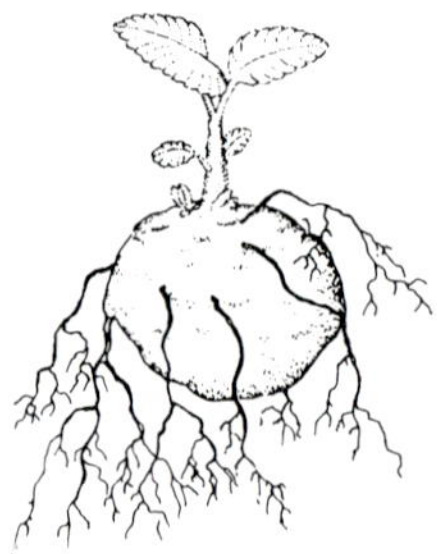

Sinningia-Hybriden: treibende Knolle.

Blutblume [233] (*Haemanthus katharinae*) *AMARYLLIDACEAE*

Die Gattung *Haemanthus* ist vor allem durch die Art *H. albiflos* (Elefantenohr) bekannt, die gelblich weiße Blüten und ledrige, zweizeilige Blätter bekommt. *H. katharinae* unterscheidet sich aber stark von dieser Art. Aus der Zwiebel wächst ein kräftiger Stengel, an dem große, bis 30 cm lange Blätter mit markanten Nerven stehen. Zu gleicher Zeit wie die Blätter entwickeln sich auch die Blüten, die blutrot sind (daher der Name der ganzen Gattung) und in dichten, kugeligen Dolden von 25 cm Durchmesser angeordnet sind. Die einzelnen Blüten haben 3 cm lange Stiele, schmale und zugespitzte Kronkelchblätter und sehr auffallende Staubblätter, die weit aus der Blüte herausragen. Diese südafrikanische Art ist der schönste Vertreter der Gattung *Haemanthus*, die etwa 60 nur in Afrika vorkommende Arten umfaßt. Sehr bekannt ist die Sorte 'König Albert', die von üppigerem Wuchs ist und scharlachrote Blüten trägt. In den Handel kam sie um 1900. Am besten gedeiht die Pflanze in Fensterglashäusern oder auch weiter vom Fenster entfernt, wenn sie genügend diffuses Licht erhält. Ausgezeichnet bewährt sich das Düngen mit verdünnter Jauche. In der Ruhepause von Oktober bis März, wenn das Gießen eingeschränkt wird, wirft sie einen Teil der Blätter ab. Die Vermehrung erfolgt entweder durch Brutzwiebeln oder durch Samen.

Gloxinie [234] (*Sinningia*-Hybriden) *GESNERIACEAE*

Sie ist wegen ihrer großen und schönen Blüten eine der begehrtesten Zimmerpflanzen. Die attraktiven Blätter sind groß, samthaarig und entlang der Nerven auffallend runzelig. Die bis 5 cm langen Blüten mit einer röhrigen, sich glockenförmig verbreiternden Krone weisen an der Spitze fünf wellige Zipfel auf. Aus dieser Hybride (die Ausgangsart war *S. speciosa*) entstand durch Züchtung eine große Anzahl von Sorten, die sich hauptsächlich durch die Farbe der Blüten unterscheiden. Man findet verschiedene Farbkombinationen und -schattierungen von Rosa, Rot, Violett und Blau. Es gibt auch „krause" Blüten. Der Name Gloxinie, mit dem die Art bezeichnet wird, gehört eigentlich einer nahe verwandten Gattung. Sie wird in Wohnungen meistens nur kurzzeitig gezogen. Man kann aber die Knollen im Herbst aus der Erde herausnehmen, an einem trockenen kühlen Ort aufbewahren und im Frühjahr in nährstoffreiches Substrat pflanzen. Am besten ist eine Mischung aus Mistbeet- und Lauberde, Torf und Sand mit einer Beigabe von Holzkohle. Weil die Pflanzen in Bezug auf Nährstoffe anspruchsvoll sind, müssen sie regelmäßig mit organischem Dünger gedüngt werden. Sie verlangen eine hohe Bodenfeuchtigkeit, das Wasser darf aber die Blätter nicht benetzen, da sie sonst faulen. Man gießt deshalb vorsichtig an die Wurzeln oder in den Untersatz. Man vermehrt sie durch Samen oder durch Blätter, deren Stiele in Sand mit Torfmoos gesteckt werden. Zur Bewurzelung braucht man einen Vermehrungskasten. Die Samen keimen am besten auf sterilem Torf.

234

235

Catharanthus [235] (*Catharanthus roseus*) *APOCYNACEAE*

Diese Art ist von Madagaskar bis Indonesien verbreitet. Die Pflanze ist giftig, wie übrigens die meisten Vertreter der Familie. Leider wird diese dekorative und anspruchslose Pflanze, die von Juni bis Oktober blüht, heute nur sehr selten kultiviert. Eine der Ursachen hierfür ist wohl auch die irrtümliche Ansicht, Catharanthus sei einjährig, so daß man die abgeblühten Pflanzen oft wegwirft. Wenn die Pflanzen bei einer Temperatur um 15 °C und genügend Licht überwintern und zeitig im Frühjahr zurückgeschnitten werden, wachsen sie schnell nach. Sehr attraktiv wirken ihre rosa Blüten, von 2,5–3,5 cm Durchmesser, mit einem karminroten Schlund und flaumiger Behaarung. Im Sommer empfiehlt es sich, die Pflanzen im Halbschatten im Garten aufzustellen. Bei höheren Temperaturen wird stärker gegossen, bei niedrigeren wird das Gießen eingeschränkt. Die Vermehrung erfolgt sehr leicht durch Stecklinge bei einer Temperatur über 20 °C.

Der Gattung *Catharanthus* werden etwa 6 Arten zugeordnet, von denen das Vorkommen der meisten eng auf Madagaskar begrenzt ist. Sie sind mit den Immergrünarten (*Vinca*) verwandt und werden im Volksmund auch als madagassisches Immergrün bezeichnet. Man vermehrt die Pflanzen sowohl durch Samen als auch durch Stecklinge, die sich rasch bewurzeln. Es empfiehlt sich, mindestens je drei junge Pflanzen in einen 12 cm-Blumentopf zu setzen. Nach der Bewurzelung sollten sie zurückgeschnitten werden.

Crossandre [236] (*Crossandra infundibuliformis*) *ACANTHACEAE*

Dies ist eine immer öfter kultivierte Zimmerpflanze. Beheimatet ist sie in Kenia und Mosambik. Die Pflanze erreicht in Kultur eine Höhe von 30–50 cm und hat nicht nur dekorative Blüten, sondern auch Blätter. Letztere sind gegenständig, ledrig und glänzend. Die Blüten, die sich vom Frühjahr bis zum Herbst entwickeln, sind in endständigen Ähren angeordnet. Sie stehen in den Achseln der großen grünen Deckblätter. Für ein ansehnliches Wachstum verlangt die Pflanze einen hellen Platz, aber keine direkten Sonnenstrahlen und genügend Luft- und Bodenfeuchtigkeit. Ihr sagt Einheitserde zu. Die Aufzucht aus Samen ist nicht zu empfehlen. Man vermehrt sie durch Kopfstecklinge, die man bei einer Temperatur von 20–22 °C zur Bewurzelung bringt. Später muß man die Pflanzen wieder zurückschneiden, damit sie sich verzweigen.

Pisonie [237] (*Pisonia umbellifera*) *NYCTAGINACEAE*

Diese Blattzierpflanze stammt aus Neuseeland und von einigen Inseln im Stillen und Indischen Ozean, wo sie als niedriger Baum eine Höhe von etwa 6 m erreicht. Man muß aber nicht befürchten, daß sie in der Wohnung zu hoch wird, denn sie läßt sich leicht zurückschneiden und in der gewünschten Größe halten, ohne Schaden zu erleiden. Die gegenständigen Blätter sind bis 40 cm lang, ledrig, dunkelgrün, auffallend gelblich oder cremeweiß gefleckt. Die unauffälligen grünlichen Blüten erscheinen in Kultur

236

fast nie. Interessanterweise werden in den Blütenständen klebrige Stoffe ausgeschieden, die Insekten und oft auch kleine Vögel anlocken, die dann an ihnen kleben bleiben. Die Pflanzen sind aber nicht fleischfressend. In Kultur müsen sie vor direkten Sonnenstrahlen geschützt werden, benötigen aber ausreichende Belichtung. Sie lieben eine höhere Temperatur, die im Winter nicht unter 18 °C sinken darf. Als Substrat wählt man Einheitserde, die ständig feucht gehalten werden muß. Vom Frühjahr bis zum Herbst wird in Abständen von 1–2 Wochen mit einer stärkeren Lösung eines beliebigen Düngemittels gedüngt, besonders wenn die Pflanzen nicht umgetopft wurden. Zur Vermehrung verwendet man Kopfstecklinge, die sich bei einer Temperatur von mindestens 25 °C bewurzeln.

237

238

Helmkraut [238] (*Scutellaria costaricana*) *LAMIACEAE*

Diese Pflanze wird ihrer leuchtend roten Blüten wegen kultiviert, die in reichen Blütenständen an den Stengelspitzen erscheinen. Da es sich um einen Vertreter der Lippenblütengewächse handelt, ist die Blüte deutlich lippig: die Oberlippe rot, die Unterlippe gelb. Auffallend ist die lange Blütenröhre. Die gegenständigen Blätter sind eiförmig, zugespitzt, am Rand gezähnt und stehen auf einem vierkantigen Stengel, einem weiteren Merkmal der Lippenblütengewächse. Ursprünglich tritt diese schöne Art hoch in den Bergwäldern von Costa Rica in einer Höhe von 2000 m ü. M. auf. Da die Pflanzen in solchen Höhen in der Nacht extremen Temperaturbedingungen ausgesetzt sind, verlangen sie in der Wohnung keine übermäßige Wärme. Nur bei der Bewurzelung der Kopfstecklinge soll die Temperatur um 22 °C liegen. Wenn junge Pflanzen zurückgeschnitten werden, sind sie zwar dichter belaubt, aber ihr Blütenstand ist gewöhnlich kleiner. In einen Blumentopf pflanzt man in der Regel 3–4 Stecklinge.

239

Schefflera arboricola 'Green Gold' syn. _Heptapleurum arboricola_ [239] ARALIACEAE

Ihren Namen verdankt die Art dem dänischen Botaniker Scheffler. In Wohnungen wächst sie als Strauch, der 3–4 m hoch werden kann. In ihrer ursprünglichen Heimat ist sie baumhoch. Ungemein dekorativ wirken die Blätter, die aus fingerförmig auseinanderstehenden, ledrigen, langgestielten Blättchen zusammengesetzt sind. Bei der ursprünglichen Art sind sie grün, bei der abgebildeten Sorte gelblich gefleckt.

Die optimale Temperatur für die Kultur der Pflanze sind 18 °C, im Winter 16 °C. Sinkt die Temperatur plötzlich, kommt es leicht zum Abwerfen der Blätter. In den Sommermonaten wird ausgiebig gegossen und wöchentlich oder alle 14 Tage nachgedüngt. Die anspruchslose Art gedeiht auch in nach Norden gerichteten Räumen gut, muß aber unmittelbar am Fenster stehen. Buntblättrige Sorten verlangen mehr Licht.

Die Vermehrung erfolgt durch Samen oder krautige Stecklinge, die in einer Mischung aus Torf und Sand bei einer Bodentemperatur von 22–25 °C Wurzeln schlagen. Die Pflanze kann auch aus Blättern vermehrt werden. Die Stiele werden in ein Gefäß mit Wasser (unter Zugabe eines Düngemittels) gestellt, wo sie sich verhältnismäßig rasch bewurzeln.

Calliandra haematocephala [240] *MIMOSACEAE*

Der wissenschaftliche Gattungsname dieses Gehölzes ist vom griechischen Wort kallos – schön – abgeleitet. Diese Bezeichnung bringt die Schönheit der kugeligen Blütenstände zum Ausdruck, denen, ähnlich wie bei anderen Vertretern der Familie *Mimosaceae*, die Staubblätter ein prächtiges Aussehen verleihen. In jeder Blüte befindet sich eine Vielzahl von rot gefärbten, Krone und Kelch weit überragenden Staubblättern. Sie dienen zum Anlocken der Insekten. Hübsch wirken auch die immergrünen, paarig gefiederten Blätter. Interessant sind die ledrigen, abgeflachten Hülsen. Sie haben verdickte Nähte und öffnen sich beim Reifen in zwei Klappen, die sich dann einrollen. Es empfiehlt sich, die Pflanzen in große Gefäße zu setzen, weil sie einen beträchtlichen Umfang erreichen können. Man kann ihre Größe jedoch durch Zurückschneiden, das sie gut vertragen, in Grenzen halten. Am besten gedeihen sie in humoser Erde. Sie verlangen ausreichend Wasser sowie einen sonnigen Standplatz. Die Gattung *Calliandra* hat mehr als 1220 Arten, die in den Tropen und Subtropen Amerikas und in Ostindien verbreitet sind.

240

Feigenbaum [241] (*Ficus sagittata* 'Variegata') *MORACEAE*

Die Gattung *Ficus* besteht aus zahlreichen Arten. Sie werden mit 2000 angegeben. Zur leichteren Orientierung werden sie in Gruppen eingeteilt, je nachdem ob sie immergrüne oder abfallende Blätter, aufrechte kletternde oder klimmende Stengel besitzen. Zu den letzteren gehört auch *F. sagittata*. Er stammt von den Philippinen, aus Mikronesien und dem östlichen Himalaja. Die nicht abfallenden Blätter sind etwa 5 cm lang, länglich lanzettlich, mit abgerundeter Basis, völlig kahl. Die abgebildete Sorte weist creme- und weißgefleckte Spreiten auf, manche Blätter sind fast ganz weiß. Im Unterschied zu der ähnlichen Art *F. pumila* sind die Blätter symmetrisch. Am besten gedeiht sie in Vitrinen, sehr malerisch wirkt sie aber auch in Blumentöpfen, aus denen die dicht belaubten Zweige herunterhängen. Wird die Pflanze auf diese Weise gezogen, muß sie regelmäßig gegossen werden, damit die Erde nicht austrocknet, denn darauf reagiert der Feigenbaum rasch durch Vertrocknen der Blätter, was nicht rückgängig gemacht werden kann. Man vermehrt sie durch Kopfstecklinge, die sich am raschesten in einem Vermehrungskasten, im Mistbeet oder wenigstens unter einer Glasglocke bewurzeln. In einen Blumentopf setzt man immer mehrere kleine Pflänzchen.

241

Gummibaum (*Ficus elastica*): vegetative Vermehrung eines Zweiges.

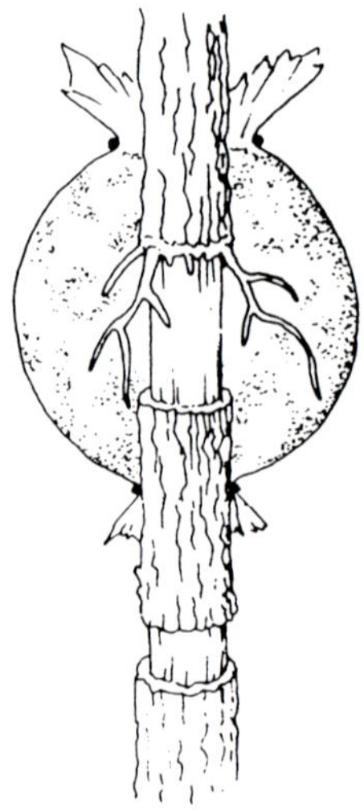

242

Ixore [242] (*Ixora coccinea*) *RUBIACEAE*

Diese Art wird selten kultiviert. Sie erreicht eine Höhe von etwa 1 m. In den Wäldern Indiens, aus denen sie stammt, wird sie aber bis 5 m hoch. Wenn sie nicht blüht, erinnern ihre stark ledrigen Blätter an Zitruspflanzen. Ein prachtvoller Schmuck sind die kugeligen Blütenstände von 10 cm Durchmesser, die aus scharlachroten Blüten bestehen. Der vierzählige Kelch ist klein, auffallend ist aber die Krone, deren Röhre sehr schmal ist und in 4 abstehende Zipfel übergeht, die ebenfalls rot gefärbt sind. Eine angenehme Eigenschaft dieser Art ist, daß schon kleine Pflanzen blühen. Sie brauchen aber viel diffuses Licht und eine Temperatur um 18–20 °C, im Winter nicht weniger als 14 °C. Sie verlangen auch reichlich Wasser und sollten jede Woche gedüngt werden. Im Winter und vier Wochen nach Verblühen wird das Gießen stark eingeschränkt. Damit sich die Pflanzen verzweigen, müssen sie zurückgeschnitten werden. Die Vermehrung erfolgt durch Kopfstecklinge bei einer Temperatur von 25–30 °C. Die Gattung *Ixora* ist artenreich. Es wurden mehr als 400 Arten beschrieben. Sie sind überall in den Tropen verbreitet, die meisten Arten in Asien.

243

Mauritiushanf, Fourcroye [243] (*Furcraea selloa* 'Marginata') *AGAVACEAE*

Diese Pflanze, deren Habitus dem der Drachenlilie oder der Agave ähnelt, erhielt ihren Gattungsnamen von dem französischen Chemiker Fourcroy. Sie bildet ein bis 1 m hohes Stämmchen aus, das dicht von schwertförmigen, 7–10 cm breiten, glänzenden, dunkelgrünen sehr rauhen Blättern mit stacheligen Rändern besetzt ist. Die Stacheln sind weit voneinander entfernt, hakenförmig gekrümmt und braun gefärbt. Der hohe Blütenstand ist aus etwa 6 cm langen Blüten mit grünlichen Deckblättern zusammengesetzt. Die Art stammt aus Kolumbien, in Wohnungen ist sie nicht sehr anspruchsvoll. Sie ist nur gegen niedrigere Temperaturen empfindlich. Die Gattung *Furcraea* umfaßt 25 Arten, die alle in den wärmeren Gebieten Mittel- und Südamerikas sowie auf einigen Inseln, z. B. Kuba verbreitet sind.

Seidenpflanze, Schwalbenschwanz [244] (*Asclepias curassavica*)

ASCLEPIADACEAE

Dieser aufrechte Halbstrauch stammt aus dem tropischen Amerika. Er wird 50–70 cm hoch. Die prachtvollen Blütenstände bestehen in der Regel aus 10 Blüten. Sie weisen fünf waagerecht abstehende, scharlachrote Kronblätter auf. Von ihnen hebt sich die orangefarbene Nebenkrone ab, die aus 5 schüsselförmigen Gebilden besteht, von denen innen zur Blütenmitte 5 orangefarbene Hörnchen auslaufen. Diese seltsamen Blüten entfalten sich am Ende des Sommers, meistens im August oder September. Hat man die Möglichkeit, die Pflanzen im Winter an einen kühlen Ort (um 10 °C) zu stellen, so können sie bereits im Mai oder Juni blühen, sehen aber weniger dekorativ aus. Diese Art wird selten kultiviert. Sie läßt sich durch Samen vermehren, die man von Januar bis März aussät. Die jungen Pflanzen werden meistens zu 3–5 in einen Blumentopf von etwa 17 cm Durchmesser gesetzt.

244

Dichorisandra [245] (*Dichorisandra reginae*) *COMMELINACEAE*

Wir haben schon einige Vertreter der Familie *Commelinaceae* kennengelernt, z. B. die Gattungen *Tradescantia, Zebrina* und *Setcreasea*. Eine weitere Gattung ist *Dichorisandra*, zu der etwa 30, im tropischen Amerika verbreitete Arten gehören. Aus ihnen wurde eine große Zahl von Sorten gezüchtet. Die vorliegende Art ist eine krautige Pflanze mit einem fleischigen Stengel und wechselständigen, buntgefärbten Blättern. Parallel zum Blattrand verlaufen von der Basis bis zur Spitze breite, weiße Streifen. Der Blütenstand ist aufrecht und besteht aus blauen Blüten. Die Kelchblätter sind nicht verwachsen, sondern stehen frei. Die Samen weisen ein großes, fleischiges Anhängsel, den sogenannten Samenmantel (Arillus) auf. Die Vermehrung ist äußerst einfach. Meistens schneidet man Stecklinge. Diese werden entweder in die Erde gesteckt oder man läßt sie im Wasser Wurzeln bilden. Die Kulturmaßnahmen sind dieselben wie bei *Tradescantia*.

245

Dichorisandra thyrsiflora [246] — *COMMELINACEAE*

Die abgebildete Pflanze stammt aus Brasilien. Sie ist bei den Blumenzüchtern besonders wegen ihrer wirkungsvollen Blütenstände beliebt, die aus zahlreichen Blüten zusammengesetzt sind. Dekorativ sind auch die großen Blätter mit einem markanten Mittelnerv an der Oberseite. Die Samen sind von einem fleischigen Becher umgeben.

Nach dem Verblühen trocknet die Pflanze ein. In dieser Zeit braucht sie Trockenheit und darf nicht aus dem Blumentopf herausgenommen werden. In der Regel beginnt sie im März wieder zu treiben. Sie wird dann in eine Mischung aus Lauberde und Lehm umgesetzt. Das Umsetzen muß aber nicht alljährlich vorgenommen werden, es genügt, die Pflanze nachzudüngen.

246

Tradescantia venezuelanica: blühende Pflanze.

247

Keulenlilie [247] (*Cordyline fruticosa* 'Red Edge') *AGAVACEAE*

Die Keulenlilien sind mit den Drachenlilien sehr nahe verwandt. Auch sie weisen schwertförmige oder lanzettliche Blätter an schlanken Stämmchen auf, haben aber knollenförmig verdickte weiße Wurzeln, während die *Dracaena*-Arten dünne, gelbe bis orangefarbene Wurzeln haben. Das Interessante an der vorliegenden Art sind die Blätter, die langgestielt, bis 50 cm lang und rotviolett gestreift sind. Da es sich um eine wärmeliebende Art handelt, die zudem auch ausreichende Luftfeuchtigkeit verlangt, muß sie besprüht werden, oder man muß die Blätter abwaschen. Die Erde soll niemals austrocknen, Verschlammung verträgt die Pflanze jedoch nicht. In Bezug auf Licht ist sie nicht sehr anspruchsvoll. Die Vermehrung erfolgt durch Kopf-, Trieb- oder Wurzelstecklinge.

Cordyline fruticosa [248] *AGAVACEAE*

Diese Art hat im Vergleich mit der vorstehenden breitere Blätter, die neben der schwarzvioletten Färbung noch grünliche Flecken aufweisen. Die Pflegebedingungen sind jedoch bei beiden Arten dieselben. Wenngleich die Pflanze Licht braucht, damit sie sich schön ausfärbt, kann ihr direkte Sonnenbestrahlung in den Mittagsstunden sehr schaden. *C. fruticosa* ist in der gärtnerischen Praxis besser unter dem Namen *C. terminalis* bekannt. Es wurden zahlreiche Sorten herangezüchtet, die sich nur schwer auseinanderhalten lassen. Fast alle Sorten sind in der zweiten Hälfte des 19. Jahrhunderts in Europa entstanden, vor allem in England, Frankreich und Italien. In der Natur kommt diese Keulenlilie in Malaysia, Polynesien, Australien und auf Neuseeland vor.

248

249

Baumfreund [249] (*Philodendron wendlandii*) *ARACEAE*

Die Gattung *Philodendron* ist sehr nahe mit *Monstera* verwandt. Sie umfaßt etwa 200 Arten, die im tropischen Amerika verbreitet sind. Sie sind entweder Lianen oder Gehölze mit aufrechten Stämmen, die gigantische Ausmaße erreichen können. Oft bilden sie mehrere Meter lange Luftwurzeln aus. Die abgebildete Art hat sehr derbe, ledrige Blätter mit einer starken Mittelrippe, die zu einer mächtigen Rosette angeordnet sind. Auffallend sind die geflügelten Blattstiele. Die Blütenscheide ist cremefarben gelblich. Die Pflanze stammt aus Costa Rica und Panama. In Wohnräumen wird sie in Torferde mit einer Beimischung von Sand und Mistbeet- oder Lauberde kultiviert. Sie verlangt feuchtes aber nicht nasses Substrat. Es schadet aber nicht, wenn die Erde hin und wieder austrocknet. Zimmertemperatur, die im Winter auf 16 °C sinken darf, und diffuses Licht sagen der Pflanze zu. Man vermehrt sie nur durch Triebstecklinge, für deren Bewurzelung eine Temperatur von 25 °C am besten ist. Diese Bedingungen gelten auch für die anderen Baumfreundarten.

Drachenlilie [250] (*Dracaena marginata* 'Tricolor') *AGAVACEAE*

Die Drachenlilien sind tropische Pflanzen der Alten Welt. Man schätzt die Zahl ihrer Arten auf 4. Nur eine einzige von ihnen (*D. americana*) stammt aus der Neuen Welt. Man kultiviert sie schon seit über 100 Jahren als Zierpflanzen, zuerst in Gewächshäusern, später in Wohnräumen. Auch unter den gegenwärtigen Wohnungsbedingungen werden sie wegen ihrer dekorativen immergrünen Blätter sehr geschätzt. Während die ursprüngliche Art aus Madagaskar stammt und selten in Wohnräumen kultiviert wird, ist die Sorte 'Tricolor' häufig dort zu finden. Sie zeichnet sich durch einen schlanken Stamm aus, der im Gewächshaus auch 5 m hoch werden kann, in der Wohnung aber viel niedriger bleibt. Am weißen Stämmchen sind die dunklen Blattnarben auffallend. Die schmalen, lanzettlichen Blätter umfassen den Stengel mit ihrer Basis. Sie sind etwa 40 cm lang und nur 2 cm breit, ziemlich derb, aufrecht, stark glänzend. Die Blattfläche ist dunkelgrün, an den Rändern braunrot, unterseits ist die hervorstehende Mittelrippe auffallend. Die verschiedenen Drachenlilienarten und -sorten brauchen höhere Temperaturen, einen gut belüfteten Platz und genügend diffuses Licht. Das Substrat muß ständig naß gehalten werden, es darf nicht austrocknen. Es empfiehlt sich, die Blätter öfter abzuduschen. Die Pflanzen werden durch Kopf- und Triebstecklinge vermehrt. Zu ihrer Bewurzelung ist eine Temperatur von ungefähr 25 °C notwendig. Wenn Samen zur Verfügung stehen, läßt man sie bei derselben Temperatur keimen.

250

Dracaena reflexa 'Song of India' [251] *AGAVACEAE*

Diese Topfpflanze ist außergewöhnlich schön. In Asien wird sie im Volksmund „das Lied Indiens" genannt. Sie hat ein langes Stämmchen, das dicht mit lanzettlichen, etwa 15 cm langen und 4–7 cm breiten Blättern besetzt ist. Sie sind auffallend gefärbt. In der Mitte verläuft längs des Mittelnervs ein breiter grüner Streifen, der an beiden Seiten von goldgelben Streifen flankiert wird. Im Sommer bringt man die Pflanze an einen lichten Ort, im Winter in einen Raum, in dem die Temperatur nicht unter 16 °C sinkt. Als Substrat ist eine Mischung aus Torf und Mineralerde mit einem pH-Wert von 5,5–6,5 geeignet. Gegossen wird mit abgestandenem Wasser, die Blätter werden besprüht. Junge Pflanzen setzt man alljährlich um, ältere alle zwei Jahre. Die Pflanze wächst sehr langsam.

251

Kapitel 8

ANSPRUCHSLOSE PFLANZEN

Die wichtigsten Faktoren für das Wachstum der Pflanzen sind Licht, Wasser, Temperatur und der richtige Boden. Pflanzen, die keine besonders ausgeprägten Ansprüche an die genannten Faktoren stellen und bei Schwankungen tolerant sind, zählt man zu den anspruchslosen Pflanzen. Selbstverständlich leben diese Pflanzen in der Natur unter anderen Bedingungen als sie sie in Wohnungen finden. Sie sind aber fähig, sich den Bedingungen bis zu einem gewissen Grad anzupassen. Ein Höchstmaß an Anspruchslosigkeit zeigen oft Kultursorten, die schon früh an Kulturbedingungen gewöhnt wurden. Aber auch Pflanzen, deren ökologische Variabilität so groß ist, daß sie eine Reihe von „Sünden" durch Blumenfreunde ertragen, werden in ihrer Schönheit und Vitalität nicht sichtbar beeinträchtigt. Überall auf der Erde sind die Pflanzen einem bestimmten Jahreszyklus unterworfen. Es existiert kein Ort auf der Erde, wo die Temperatur- und Niederschlagsbedingungen das ganze Jahr über gleich bleiben. In den Wohnungen reguliert der Mensch die Bedingungen vor allem für sich und nicht für die Pflanzen, die er zieht. Dabei schafft er ihnen gerade dann ungewöhnliche Bedingungen, wenn sie am wenigsten gelegen kommen. Am häufigsten verstößt man gegen die Anforderungen der Pflanze bezüglich Temperatur und Wasser. Die trockene Wärme der Zentralheizung behagt den meisten Pflanzen nicht. Deshalb gehen Pflanzen ein, die zum Überwintern eigentlich niedrige Temperaturen verlangen. Hingegen werden Arten, die eine warme und trockene Umgebung vertragen, immer häufiger kultiviert. Die anspruchslosen Pflanzen vertragen die ihnen gebotenen Licht- und Bodenbedingungen meistens gut.

Efeu [255, 256] (*Hedera helix*) *ARALIACEAE*

256

Diese Art bildet in der freien Natur den Unterwuchs in schattigen Wäldern, wird in Gärten und auf Friedhöfen kultiviert und verwildert oft. Außerdem hält man sie in den Wohnungen als Zierpflanze, da sie sich für Ampeln, Schüsseln und Hängegefäße besonders eignet. Ihre Beliebtheit verdankt sie den immergrünen Blättern, deren Form und Farbe sehr veränderlich ist. Der Efeu ist eine Liane, die sich mit Hilfe von zahlreichen Haftwurzeln an der Unterlage (Bäumen, Felsen, Mauern) festhält. Seine

Blätter sind verschieden gestaltet (Heterophyllie), das bedeutet, daß sich die Blätter der sterilen (unfruchtbaren) und fertilen (blühenden und Früchte tragenden) Zweige voneinander unterscheiden. Erstere sind gelappt mit meist 3–5 Lappen, letztere eiförmig, ohne Lappen. Die unauffälligen gelbgrünen Blüten, die in kleinen Dolden stehen, erscheinen nur an alten Pflanzen. Die ursprüngliche Art eignet sich nicht für Innenräume, da sie zu üppig wächst und die Haftwurzeln sich an Wänden und Möbeln festhalten und so Schaden anrichten würden. Deshalb werden meistens Sorten gezogen, die diese unerwünschte Eigenschaft nicht haben. Der Efeu kann das ganze Jahr über durch Triebstecklinge vermehrt werden. Kultursorten mit fleckigen Blättern verlangen aber höhere Temperaturen für die Bewurzelung. Die Pflanzen vertragen Schatten gut, blühen aber nur im Licht. Es empfiehlt sich, dem Boden Kalk beizumengen. Der Efeu wurde früher meistens in kühlen Räumen gezogen, oft auch im Schatten. Gegenwärtig werden verschiedene auch an höhere Temperaturen gewöhnte Sorten angeboten, die auch in modernen Wohnungen wachsen. Zu den beliebtesten gehört 'Argenteovariegata' mit weißlich gefleckten Blättern [255], 'Crispa' mit krausen, 'Aureovariegata' mit gelblich gefleckten, 'Ovata' mit fast ungelappten und 'Gloire de Marengo' mit verhältnismäßig großen, meist dreilappigen cremegelben Blättern [256].

Vierfarbiges Ampelkraut [257] (*Zebrina pendula*) *COMMELINACEAE*

Diese Pflanze stammt aus Mexiko. Sie wird häufig in Wohnungen oder Büros kultiviert. Ihre Beliebtheit verdankt sie ihrem gefälligen Aussehen und der Fähigkeit, sich rasch durch Stecklinge vermehren zu lassen, die jahrelang im Wasser gedeihen, wenn man hin und wieder nachdüngt. Der Gattung *Zebrina* werden 4 Arten zugeordnet, die früher alle in die Gattung *Tradescantia* eingereiht wurden. Bei der vorliegenden Art sind die Kelch- und Kronblätter typischerweise verwachsen. An der abgebildeten Art sind die Blätter mit markanten weißen Streifen an der Oberseite und rotgefärbter Unterseite am auffallendsten. An der Stelle, wo die Blätter am Stengel sitzen, bildet sich eine häutige Blattscheide aus. Die Stengel sind auffällig gekniet und oft rötlich gefärbt.

257

252

Jacobine [252] (*Jacobinia carnea*) *ACANTHACEAE*

Wenn diese brasilianische Pflanze in der Wohnung erblüht, wird man für die Mühe, die man sich mit ihr gemacht hat, reich belohnt. Ihre zart rosa Blüten stehen in dichten, endständigen, 8–10 cm langen Blütenständen. Die Kronröhren sind schmal, nach oben verbreitert und an ihrer Spitze befinden sich 2 schwach abwärts gekrümmte Lippen. Die großen, 20 cm langen Blätter sind gegenständig, beiderseits behaart. Der Gattung *Jacobinia* werden etwa 40 Arten zugeordnet, die wegen ihrer Blüten zu den schönsten Gattungen der Familie gehören. Für die Kultur ist eine höhere Temperatur und Luftfeuchtigkeit unerläßlich, geeignet ist eine Sommertemperatur um 25 °C, im Winter genügen 16–18 °C. Sie ist lichtliebend, an ungenügend belichteten Plätzen verlängern sich die Pflanzen zu stark und verlieren ihr strauchartiges Aussehen. Sie verlangen nährstoffreiche, ständig feucht gehaltene Erde. Auch im Winter darf sie nicht austrocknen. Man düngt einmal wöchentlich mit einem Volldüngemittel. Die Pflanzen lassen sich leicht durch Kopfstecklinge vermehren, am besten im Februar oder März. Zur Bewurzelung kommen sie ins Wasser.

Seltener werden weitere *Jacobinia*-Arten kultiviert, so die stattlichere *J. pohliana*. Sie ist dicht beblättert, die Blätter sind glänzend, violett überlaufen. Auch diese Art hat endständige Blütenstände. Bei *J. pauciflora* wachsen die meist nickenden Blüten aus den Blattachseln zu beiden Seiten der Zweige. Die Blätter sind ledrig. Feuerrote Blüten sind für die mexikanische Art *J. ghiesbreghtiana* typisch.

253

Schwarzer Pfeffer [253] (*Piper nigrum*) *PIPERACEAE*

Diese Liane ist vor allem als Nutzpflanze bekannt, da ihre Beeren das gebräuchlichste aller Gewürze sind (schwarzer und weißer Pfeffer). Der Pfeffer ist aber auch eine dankbare und vor allem anspruchslose Zierpflanze. Er stammt aus dem tropischen Asien, wo er bis 10 m hoch wird. Er weist wechselständige, herzförmige, dunkelgrüne Blätter und sehr kleine grüne, in überhängenden Blütenständen angeordnete Blüten auf. Es ist keine Blütenhülle vorhanden, die zwei Staubblätter haben kurze Staubfäden, und die lappige Narbe sitzt direkt auf dem kugeligen Fruchtknoten. *P. nigrum* kann in Wohnungen an einem hellen Platz gezogen werden, verträgt aber auch Schatten sehr gut. Die Zimmertemperatur darf im Winter auf 15 °C sinken. Als Substrat verwendet man in der Regel Einheitserde, die ständig feucht gehalten werden muß. Auch Sprühen mögen die Pflanzen. Vom Frühjahr bis zum Herbst kann man jede Woche nachdüngen. Die Vermehrung erfolgt durch Triebstecklinge, die zur Bewurzelung eine Temperatur um 25 °C verlangen. Man pflanzt immer einige Stecklinge in einen Blumentopf und bedeckt diesen mit einem Plastikbeutel, sonst werfen die Stecklinge die Blätter ab. Außer der abgebildeten Art hält man in Wohnungen auch Arten mit gefärbten Blättern. Von diesen sind *P. ornatum*, dessen Blätter in der Jugend karminrot sind, später verblassen und graurosa werden, *P. porphyrophyllum* und *P. sylvaticum* zu nennen.

Zwergwachsblume [254] (*Hoya bella*) ASCLEPIDACEAE

Von den 100–200, in Asien und Australien beheimateten Wachsblumenarten werden in Wohnräumen praktisch nur zwei Arten kultiviert, *H. carnosa* und *H. bella*. Die Zwergwachsblume hat den Vorteil, daß sie klein bleibt, daher nicht so oft zurückgeschnitten werden muß. Sie eignet sich sehr gut als Ampelpflanze. Die gegenständigen Blätter sind nur 2,5–3 cm lang und 1,5–3 cm breit, zugespitzt eiförmig, ledrig. Die Blüten sind fünfzählig mit einer roten Nebenkrone. Sie verströmen einen süßlichen Duft. Die Pflanze wird an einem hellen Platz gehalten, vor zu starker Sonnenbestrahlung aber geschützt, damit ihre Blätter nicht gelb werden. Bezüglich der Temperatur ist sie nicht besonders anspruchsvoll, sie gedeiht bei Zimmertemperatur, im Winter ist eine Temperatur um 18 °C am besten. Das Substrat soll nährstoffreich und gut durchlässig sein, z. B. Einheitserde mit einer Beimischung von Sand. In der Vegetationsperiode (von Frühjahr bis Herbst) wird ausreichend gewässert. Im Winter muß man vorsichtig gießen, denn bei übermäßiger Feuchtigkeit faulen die Wurzeln schnell. Man vermehrt die Pflanzen durch Stecklinge. Es genügen Triebstecklinge mit einem Blattpaar, die bei einer Bodentemperatur um 20–25 °C sehr rasch wurzeln. Auch das Pfropfen der vorliegenden Art auf *H. carnosa*, im Frühjahr vorgenommen, hat sich bewährt. Dann sind die Pflanzen kräftiger und haben üppigere Blütenstände.

254

258

Die Kronblätter der dreizähligen Blüten sind innen rosa, außen weiß. Will man *zebrina* im Topf kultivieren, setzt man immer einige Stecklinge in die Erde. Bei ausreichender Wasserzufuhr bewurzeln sie sich rasch. Ältere Pflanzen werden nicht umgepflanzt, sondern man schneidet Stecklinge aus ihnen, nach deren Bewurzelung man neue Pflanzen erhält. Am besten gedeihen sie in diffusem Licht, an der Sonne verblassen die Blätter. Beim Überwintern vertragen sie Temperaturen um 6 °C.

Siderasie [258] (*Siderasis fuscata*) *COMMELINACEAE*

Die Vertreter der Commelinengewächse sind oft sukkulente, ausdauernde Pflanzen, aber auch Stauden ohne fleischige Blätter oder einjährige Pflanzen. Typisch für alle Gattungen sind die dreizähligen Blüten, die sich in den Blattachseln entwickeln. Die Frucht ist eine Kapsel. Das ursprüngliche Verbreitungsgebiet ist auf die Tropen und Subtropen beschränkt. Es ist aber nicht einfach, die einzelnen Gattungen der Familie gegeneinander abzugrenzen. Die Ansichten der Botaniker, die sich mit dieser Familie befassen, sind sehr unterschiedlich. *Siderasis* ist eine der kleinen Gattungen. Die angeführte Art stammt aus den tropischen Gebieten Brasiliens, deshalb braucht sie für ein gutes Wachstum reichlich Wärme und Feuchtigkeit. Sie bildet kompakte Rosetten aus breit eiförmigen, meist stumpfen Blättern. Entlang des Hauptnerves verläuft ein weißer Streifen, der sich von der olivgrünen Farbe der Blattoberseite schön abhebt. Die Blätter sind ganz von braunroten Haaren bedeckt. Man vermehrt die Pflanzen durch Stecklinge.

259

Chameranthemum [259] (*Chamaeranthemum beyrichii*) *ACANTHACEAE*

Diese Art wird wegen ihrer bunten Blätter, aber auch wegen ihres niedrigen Wuchses geschätzt. Sie erreicht kaum eine Höhe von 10 cm. Ihre Blätter sind groß, gegenständig, eiförmig, derb und kahl. Zur Blütezeit werden die Blätter von den aufrechten Blütenständen überragt, die aus kleinen, weißen, von winzigen Deckblättern gestützten Blüten zusammengesetzt sind. Da die Pflanze niedrig ist und ziemlich hohe Ansprüche an die Feuchtigkeit stellt, wurde sie früher oft in Vitrinen gezogen. Es zeigte sich aber, daß sie auch in offenen Räumen gut gedeiht. Wenn sie genügend Platz hat, verbreitet sie sich nicht nur vegetativ rasch, sondern auch durch Samen, die die Pflanze selbst fortschleudert. Die Vermehrung erfolgt durch Teilung der Büsche oder Triebstecklinge. Für das Wachstum genügt Zimmertemperatur, aber höhere Temperaturen sind sehr förderlich. Sie benötigt auch viel Feuchtigkeit. Als Substrat eignet sich Einheitserde mit einem hohen Torfgehalt. Die Jungpflanzen werden meist zu 3 bis 5 in Blumentöpfe oder Schalen gepflanzt. Die Gattung *Chamaeranthemum* umfaßt nur 4 Arten, die im tropischen Südamerika verbreitet sind. Die abgebildete Art stammt aus den südlichen Gebieten Brasiliens.

Schon der wissenschaftliche Gattungsname weist auf den charakteristischen niedrigen Wuchs dieser Pflanze hin, denn *chamai* bedeutet griechisch „niedrig". Interessant ist auch *C. igneum* mit rauh behaarten Stengeln und flaumig behaarten, olivgrünen, den Mittel- und Seitennerven entlang auffallend gelbrot gefärbten Blättern. Die Blüten sind sattgelb. Die Art ist in Peru beheimatet.

Bogenhanf [260] (*Sansevieria trifasciata* 'Hahnii') *AGAVACEAE*

Diese Sorte unterscheidet sich durch ihren niedrigen Wuchs sowie durch die trichterförmig angeordneten Blattrosetten sehr stark von den anderen Vertretern der Gattung *Sansevieria*. Die kompakten Büschel füllen in der Regel die Gefäße ganz aus. Die niedrigen Pflanzen werden oft mit höheren Arten in ein gemeinsames Gefäß gesetzt.

Die Sorte ist anspruchslos. Bestens gedeiht sie in einer Mischung aus zwei Dritteln Erde und einem Drittel Sand. Sie verträgt keine direkte Sonnenbestrahlung. Bei übermäßiger Besonnung werden die Blätter gelb. Man gießt sparsam. Die Pflanzen gedeihen in warmen Räumen.

Sansevieria trifasciata 'Craigii' [261] *AGAVACEAE*

Im Unterschied zur vorhergehenden Sorte hat die vorliegende lange, kräftige, ledrige Blätter mit rahmfarbenen Längsstreifen. Sie läßt sich leicht vegetativ vermehren. Sollen dabei die farbigen Längsstreifen der Blätter bewahrt werden, dürfen die Pflanzen nur geteilt werden, d. h. man muß den Busch zerreißen. Würde man die einzelnen

260

261

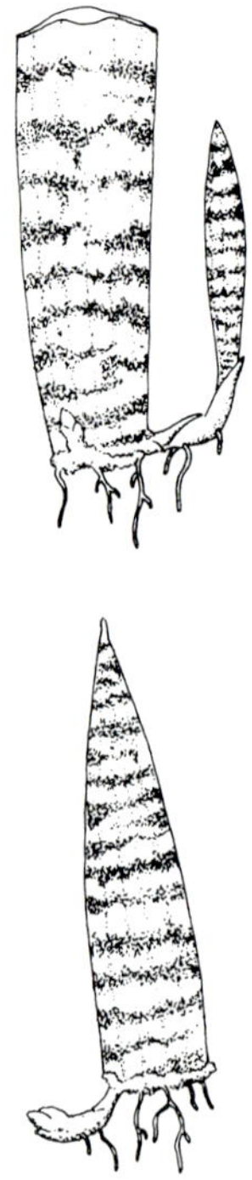

Bogenhanf (*Sansevieria trifasciata*): Bewurzelte Blatteile.

Blätter quer durchschneiden und die Teile auspflanzen und Wurzeln schlagen lassen, ginge die gelbe Färbung verloren und die Blätter wären grün. Sehr gut gedeihen die Pflanzen in flachen Schalen bei sehr mäßigem Beguß. Man gießt nur, wenn die Erde ausgetrocknet ist. Die Art blüht verhältnismäßig selten. Die Blütenstände sind niedriger als die Blätter und bestehen aus gelblichen, duftenden Blüten.

262

Sansevieria javanica [262] AGAVACEAE

Dieser Bogenhanf gehört zu den selten kultivierten Arten. Typisch sind seine langen, schwertförmigen Blätter, die breiter sind als die von *S. trifasciata* und eine schöne, in Querrichtung verlaufende Zeichnung aufweisen.

Ebenso wie die übrigen Angehörigen der Gattung ist auch die vorliegende Art anspruchslos. Sie eignet sich sehr gut zum Bepflanzen von Gefäßen zusammen mit anderen Bogenhanfarten, so *S. trifasciata* 'Golden Future' mit breiten, auffallend gelb gesäumten Blättern oder den niedrigen Sorten 'Golden Hahnii' und 'Silver Hahnii'.

Insgesamt umfaßt die Gattung *Sansevieria* etwa 70 Arten, die vor allem im tropischen Afrika sowie in Südafrika und in den Tropen Asiens verbreitet sind.

263

Sansevieria stuckyi [263] AGAVACEAE

Zweifellos erregen die Blätter dieser Pflanze auf den ersten Blick Aufmerksamkeit. Sie weisen nämlich am Grund eine breite Rinne auf, weiter oben sind sie röhrenförmig verwachsen und laufen in eine starre Spitze aus. Sie sind unregelmäßig quergestreift. Blüten entwickeln sich im Unterschied zur gängig kultivierten Art *S. trifasciata* verhältnismäßig spät. Von dieser Art unterscheidet sich die vorliegende auch dadurch, daß sie in einem großen Gefäß gezogen werden muß.

S. stuckyi wird noch selten in der Wohnung kultiviert, denn die Züchter halten häufig die Wachstumsbedingungen nicht richtig ein. Die Pflanze ist vor allem gegen zuviel Wasser sehr empfindlich. Im Herbst wird mit Wasser gespart. Im Winter sollen die Pflanzen bei 10–15 °C gehalten werden. Im Frühjahr bringt man sie an einen wärmeren Ort. Anfangs werden sie nur besprüht und erst später vorsichtig gegossen.

Die Art entwickelt verhältnismäßig wenig Triebe, und auch die Blattstecklinge bewurzeln sich erst nach einigen Monaten, was die Vermehrung erschwert. Da die reizvolle Pflanze langsam wächst, bleibt sie lange klein.

Philodendron selloum [264] *ARACEAE*

Diese Art besitzt prachtvolle Blätter, deren Spreiten bis 50 cm lang und 70 cm breit werden. Sie sind tief gelappt, die Lappen sind an den Rändern gewellt. Diese Art ist in Brasilien und Paraguay beheimatet. Sie wird seit etwa 1850 kultiviert.

Manchmal wird *P. selloum* mit *P. bipinnatifidum* verwechselt. Von dieser Art unterscheidet er sich jedoch durch seine größeren Blätter, die zahlreiche, durchscheinende Flecken aufweisen. Beide Arten gehören zu den großblättrigen Philodendronarten und werden auch zur Dekoration von Ausstellungs-, Konzert-, oder Hotelhallen verwendet.

264

Philodendron erubescens 'Burgundy' [265] *ARACEAE*

Wer würde sich nicht von dieser Sorte angezogen fühlen, deren Stengel, Blattstiele und Blattspreiten sowie die Blütenscheide, die den Kolben umgibt, violett gefärbt sind?

Da diese Kletterpflanze schlaffe Stengel hat, braucht sie für ein ansehnliches Wachstum eine Stütze. Sehr dekorativ wirkt sie, wenn sie um eine Moossäule arrangiert wird. Beim Besprühen speichert das Moos Wasser, so daß die Ansprüche der kultivierten Pflanze an Feuchtigkeit ausreichend befriedigt werden. Sie mag einen hellen Standplatz, direktes Sonnenlicht schadet ihr jedoch. Als Substrat ist Einheitserde mit einem pH-Wert bis zu 6,5 empfehlenswert. Im Sommer wird jede zweite Woche mit Flüssigdünger nachgedüngt, im Winter düngt man sehr wenig. Den Pflanzen bekommt gelegentliches Umtopfen sehr gut. Die ursprüngliche Art stammt aus Kolumbien.

265

266

Efeutute [266] (*Epipremnum pinnatum* 'Aureum') *ARACEAE*

Diese Art ist eine der bekanntesten Zimmerpflanzen. Sowohl Kultivieren als auch Vermehrung sind einfach. Es genügt, Triebstecklinge ins Wasser zu stellen, wo sie rasch Wurzeln bilden. Die Pflanze gedeiht im Licht und im Halbschatten, verträgt aber keine direkten Sonnenstrahlen. Sie verlangt nur ausreichende Bewässerung das ganze Jahr über. Diese Liane stammt von den Salomoninseln, wo sie an den verschiedensten Bäumen emporklettert. Diese Eigenschaft wird in Innenräumen ausgenutzt, wo man sie an den Wänden oder verschiedenen Stützkonstruktionen wachsen läßt, die ruhig ziemlich weit vom Fenster entfernt sein können. Sehr gut gedeihen sie auch in Nährlösungen. Die Blätter der Efeutute sind herzförmig, gelb gefleckt. Durch Züchtung ist eine ganze Reihe von Sorten mit bunten Blättern entstanden. Die abgebildete Sorte 'Marble Queen' wird dadurch interessant, daß die Flecken weiß sind, während die meisten anderen Sorten gelbliche Flecken haben. Sie reagiert etwas empfindlicher auf die Kulturbedingungen, die Temperatur sollte nicht unter 15 °C sinken. Auch eine höhere

267

Luftfeuchtigkeit ist angebracht. Gut zur Geltung kommt sie an einen Stamm oder Stab gebunden, der zuvor mit feuchtem Torfmoos umwickelt wurde.

Aukube, Goldorange [267] (*Aucuba japonica*) *CORNACEAE*

Diese vollkommen anspruchslose Pflanze wird nicht nur als Topf-, sondern auch als Garten- und Parkpflanze kultiviert. Unter europäischen Freilandbedingungen verlangt sie geschützte Standorte. Aber auch wenn sie Frostschäden erleidet, entwickelt sie im Frühjahr neue, üppige Triebe, die man abschneiden kann und wurzeln läßt. Sie gedeiht besser im Kühleren. Die Pflanze ist ein immergrüner zweihäusiger Strauch, der aus den subtropischen Wäldern Japans und den südlichen Gebieten Koreas stammt. Er erreicht eine Höhe von 2 m. Die gegenständigen Blätter sind 6–20 cm lang, zugespitzt, fein unregelmäßig gezähnt, glänzend. Die vierzähligen Blüten sind klein, rot und in kurzen Rispen angeordnet. Es existieren viele Sorten, die sich vor allem durch die Flecken auf den Blättern und deren Konsistenz unterscheiden. 'Crassifolia' weist z. B. sehr derbe, ledrige Blätter auf, 'Luteocarpa' hat gelbe Früchte.

Blütenbegonie [268] (*Begonia corallina*-Hybriden) *BEGONIACEAE*

Der Ursprung dieser Hybride ist nicht ganz klar. Sie entstand zu Beginn des 19. Jahrhunderts, wahrscheinlich aus den Arten *B. corallina* × *B. c.* 'Madame Charrat' oder *B. corallina* × *B. teuscheri*. Die Begonien werden als Blattzierpflanzen oder als Blütenzierpflanzen gezogen. Die angeführte Art besitzt sowohl sehr hübsche Blätter als auch Blüten. In Wohnungen kann sie bis 2 m hoch werden, man kann sie aber einfach einkürzen und die Kopfstecklinge wieder anpflanzen. Die Blätter sind markant asymmetrisch, bis 35 cm lang und 9–15 cm breit. Die reichen Blütenstände sind überhängend und bestehen aus rosa oder roten Blüten. Die Art wird als widerstandsfähigste und daher auch als für Wohnungsbedingungen am besten geeignete Begonie betrachtet. Sie ist lichtliebend, man muß sie aber zumindest im Sommer vor direktem Sonnenlicht schützen. Sie braucht Zimmertemperatur von 20–22 °C, im Winter jedoch nicht unter 18 °C. Sie verlangt saures Substrat, deshalb eignet sich Torf mit einer Beimischung von Sand und Kompost. Es wird reichlich gegossen und in Abständen von 1–2 Wochen gedüngt.

268

Drachenlilie [269] (*Dracaena deremensis* 'Warneckii') *AGAVACEAE*

Obwohl *D. derementis* aus dem fernen tropischen Afrika stammt, ist sie in Europa eine sehr beliebte Zimmerpflanze geworden. Man kultiviert aber selten die ursprüngliche Art, sondern die begehrten buntblättrigen Sorten. Die aufrechten Stengel sind dicht mit bis zu 50 cm langen und 5 cm breiten Blättern besetzt. Würde man die Pflanzen nicht zurückschneiden, könnten sie eine Höhe von 5 m erreichen. Die Blätter der abgebildeten Sorte weisen auffallende rahmweiße und grüne Längsstreifen auf. Die Pflanze verlangt Licht, aber keine direkte Sonnenbestrahlung. Sie ist wärmeliebend, im Winter sollte die Temperatur nicht unter 16 °C sinken. Die Erde soll ständig feucht sein und niemals austrocknen. Vorteilhaft ist es, die Pflanze alle 14 Tage nachzudüngen.

269

270

Dracaena deremensis 'Compacta' [270] — *AGAVACEAE*

Charakteristisch sind die sehr dichten, verhältnismäßig kurzen Blätter, durch die die Pflanze säulenförmig erscheint. Diese Blätter sind ziemlich breit und die unteren fallen nicht ab, wie dies bei anderen Drachenlilien häufig geschieht, wodurch sie dann kleinen Palmen ähnlich werden. Sie verlangt Licht, aber keine direkte Sonnenbestrahlung, Zimmertemperatur und frische Luft. Ist die Luft zu trocken, können die Blattspitzen vertrocknen. Manchmal werden die Drachenlilien mit der Gattung *Cordyline* (Keulenlilie) verwechselt. Im Unterschied zu dieser haben die Drachenlilien keinen verdickten Wurzelstock, ihre Wurzeln sind orangefarben oder gelb und der Fruchtknoten ist dreifächerig, mit einer Samenanlage pro Fach. Keulenlilien hingegen haben einen knotigen Wurzelstock, der der vegetativen Vermehrung dient, weiße Wurzeln, und in jedem Fach des Fruchtknotens befinden sich bei ihnen 6–15 Samenanlagen.

271

Klimme, Königswein [271] (*Cissus rhombifolia*) *VITACEAE*

Die Arten der Familie *Vitaceae* werden in Wohnungen sehr viel kultiviert. Die Arten der Gattungen *Parthenocissus* (Jungfernrebe) und *Ampelopsis* (Scheinrebe) sind ausgesprochene Freilandgewächse. Die vorliegende Art besitzt einen kletternden, mit Ranken versehenen Stengel, allerdings ohne die z. B. für *Parthenocissus* typischen Haftscheiben. Die Blätter sind wechselständig, dreizählig und langgestielt, die Blättchen rautenförmig, das mittlere Blättchen ist größer als die zwei seitlichen, die asymmetrisch sind. Der Rand ist gezähnt, in jeden Zahn mündet eine Ader. Die kleinen grünlichen Blüten stehen in Dolden und sind sehr unauffällig. Die Früchte sind 1–4 samige, trockene Beeren. Der Schmuck der Pflanze sind die Blätter. Sie ist in Mittel- und Südamerika beheimatet. In der Wohnung sagt ihr ein hellerer bis halbschattiger Platz am besten zu. Förderlich ist jährliches Umtopfen in nährstoffreiche Erde, häufiges Gießen und Nachdüngen mit organischen oder anorganischen Düngemitteln einmal wöchentlich. Sie braucht das ganze Jahr über einen warmen Standort. Man vermehrt sie im Sommer durch Triebstecklinge, die weder verholzt noch zu weich sein dürfen.

Ochna multiflora [272] OCHNACEAE

Diesen Strauch schmücken vor allem seine glänzenden roten Früchte. Es handelt sich um Steinfrüchte. Sie sind von einem ausdauernden Kelch umgeben, der anfangs grün ist, aber beim Reifen der Früchte eine leuchtend rote Farbe annimmt. Interessant ist auch die gelbe Blütenkrone, die nur wenig länger ist als der Kelch. Die Pollensäcke der zahlreichen Staubblätter platzen entlang einer Längsrinne. Bei der verwandten Art *O. atropurpurea* entstehen hingegen Öffnungen an der Spitze der Pollensäcke. Die etwas ledrigen Blätter sind 5–12 cm lang, länglich lanzettlich, glänzend, am Rande gewellt und kurz dornig gezähnt. Die Art stammt aus dem tropischen Afrika, wo über die Hälfte der 90 Arten der Gattung *Ochna* verbreitet ist.

Die Kultur dieses kleinen, sehr dekorativen Gehölzes ist nicht schwierig. Es verlangt einen hellen, luftigen Standplatz und als Substrat eine Mischung aus Laub- und lehmiger Rasenerde. Wichtig ist häufiges Gießen. Die Vermehrung erfolgt durch Samen oder Stecklinge bei einer Temperatur von 25–30 °C.

272

273

Gummibaum [273] (*Ficus quercifolia*) *MORACEAE*

Der Artname *quercifolia* bedeutet „eichenblättrig". Die Blätter des abgebildeten Gummibaumes erinnern tatsächlich an Eichenblätter. Die Art stammt aus Malaysia. Ihr Wert als Zimmerpflanze wird weit unterschätzt. Man trifft sie in Gewächshäusern an, wo sie im Unterwuchs anderer Pflanzen kultiviert wird. In Wohnungen würde sie sich sicher schön ausnehmen, wenn ihre niederliegenden Stengel an Moorsäulen befestigt würden. Die Art ist anspruchslos und verträgt Beschattung, aber keine direkte Sonnenbestrahlung und zu große Trockenheit.

Ficus triangularis [274] *MORACEAE*

Diese Art unterscheidet sich durch die typische dreieckige Form ihrer Blattspreiten von allen anderen *Ficus*-Arten. An die Kultur stellt sie aber die gleichen Ansprüche. Sie fühlt sich an lichten Standorten wohl, aber nicht in direktem Sonnenlicht. Ihr sagt normale Zimmertemperatur zu, die im Winter nicht unter 18 °C sinken soll. Auch Zugluft ist ihr nicht zuträglich. Sie gedeiht gut in Einheitserde bei pH 6. Die Pflanze verlangt regelmäßigen Beguß, der jedoch nicht zu reichlich sein soll, sonst würden die Wurzeln faulen und die Blätter abfallen. Die Vermehrung kann durch Triebe mit 3–5 Blättern erfolgen. Man steckt sie in eine feuchte Mischung aus Torf und Sand und zieht über den Blumentopf einen Polyäthylenbeutel, wodurch ein geeignetes Mikroklima geschaffen wird.

274

Schlangenbart [275] (*Ophiopogon jaburan* 'Variegatus') *LILIACEAE*

Wenn man eine anspruchslose Pflanze für einen schattigen Platz in der Wohnung sucht, ist diese Art sehr zu empfehlen. Sie kann entweder in Blumentöpfen gezogen werden oder man verwendet sie zur Bedeckung des Erdbodens, z. B. in Wintergärten. Die ansehnlichen Büsche bestehen aus schmalen, grasartigen Blättern, die etwa 40–70 cm lang, 5–15 mm breit, verhältnismäßig derb und dunkelgrün sind. Gern wird auch die Sorte 'Variegatus' kultiviert, deren Blätter goldgelbe Längsstreifen besitzen. Die Blüten sind weiß, klein (etwa 1 cm groß) und bilden dicke Ähren. Die Blütenstände sind meistens zwischen den Blättern verborgen, seltener wachsen sie über die Blätter hinaus. Die Pflanzen wachsen besser in einer kühlen Umgebung. Das Substrat soll ständig feucht gehalten werden. Die Vermehrung durch Teilung der Büsche ist einfach.

275

276

Kolbenfaden [276] (*Aglaonema crispum* syn. *A. roebelinii*) *ARACEAE*

Unter günstigen Bedingungen kann die Art eine Höhe von 1 m erreichen und fast ebenso breit werden. Die einzelnen Stämmchen sind sehr dicht mit ledrigen, kurz gestielten, breit eiförmigen Blättern besetzt, die eine silbergraue Zeichnung aufweisen. Die Spreiten werden bis zu 39 cm lang und 10–15 cm breit. Der Blütenstand ist verhältnismäßig groß, und später erscheinen an der Pflanze rote Beeren. Die Art ist eine dankbare Zimmerpflanze. Sie braucht dieselbe Pflege wie die anderen Arten der Gattungen *Aglaonema* und *Dieffenbachia*. Sie bevorzugt durchlässiges, humoses Substrat und soll in breiteren (nicht zu tiefen) Gefäßen gezogen werden. Am besten sagt ihr eine Temperatur von 20–25 °C bei höherer Luftfeuchtigkeit zu, im Winter genügen auch niedrigere Temperaturen. Die Pflanze läßt sich das ganze Jahr über leicht durch Stecklinge vermehren.

Hakenlilie [277] (*Crinum* × *powellii*) *AMARYLLIDACEAE*

Wie alle Amaryllen wächst sie aus einer großen, kugeligen Zwiebel hervor, die oben deutlich zu einem „Hals" verlängert ist. Die schwertförmigen Blätter können 1 m lang werden und sind ganzrandig. Auf einem langen Schaft wächst ein Blütenstand hervor, der meistens aus 8 Blüten besteht. Die Blütenstiele sind 4 cm lang. Der Kronkelch ist trichterförmig, die Kronblätter haben einen rosigen Schimmer. Es sind viele Sorten herausgezüchtet worden, die weiße, rosa bis rötliche Blüten haben. Die Art ist kälteliebend. Deshalb muß sie in einem Raum mit nicht zu hoher Temperatur gehalten werden, aber am Fenster stehen, damit sie direktes Sonnenlicht erhält. Gegossen wird reichlich, man vermeidet jedoch stauende Nässe. Im Winter wird mit Wasser gespart. In dieser Zeit hält man die Pflanzen bei einer Temperatur, die 8 °C nicht übersteigt. Die Vermehrung erfolgt durch Nebenzwiebeln. Die Gattung *Crinum* umfaßt mehr als 100 Arten, die in den Tropen und Subtropen, besonders in Küstengebieten verbreitet sind.

Lorbeer [278] (*Laurus nobilis*) *LAURACEAE*

Die Gattung *Laurus* besteht aus nur zwei Arten, *L. nobilis*, der im Mittelmeergebiet natürlich verbreitet ist und *L. canariensis*, der auf den Kanarischen Inseln wächst.

L. nobilis wird mit Vorliebe überall dort gezogen, wo er im Winter an einem kühlen Ort aufgestellt werden kann. Im Sommer gedeiht er am besten auf Terrassen oder im Garten.

Der Lorbeer ist ein langsam wachsendes Gehölz mit einfachen, wechselständigen, ledrigen Blättern, die einen auffallenden Geruch verströmen, wenn sie zerrieben werden (Lorbeerblätter dienen als Gewürz). Die Blüten sind klein, grünlich oder gelblich gefärbt. Interessant sind die Pollensäcke, die sich mit Klappen öffnen, wenn der Pollen reif ist, nicht wie dies bei den meisten Pflanzen der Fall ist, mit einem Längsriß. Aus den schwarzblauen Beeren wird Öl gepreßt, das in der Medizin verwendet wird. Die

277

278

Art verträgt starken Rückschnitt, was zur Erhaltung der regelmäßigen Kronenform wichtig ist.

Im Altertum und Mittelalter wurde der Lorbeer als Heilpflanze geschätzt. Großer Beliebtheit erfreute er sich bei den Griechen und Römern, die Dichter und Sieger verschiedener Wettkämpfe mit Lorbeerzweigen oder -kränzen auszeichneten.

LITERATUR

Böhmig, F.: *Topfpflanzen*. Neumann Verl., Radebeul 1958.
Brickell, C. et al.: Velká encyklopedie květin a okrasných rostlin /transl./. Príroda, Bratislava 1993.
Davidson, W.: *Foliage Houseplants*. Salamander Books, London 1982.
Dušek, J. et Křístek, J.: Orchideje. Academia, Praha1986.
Encke, F. et al.: *Zander Handwörterbuch der Pflanzennamen*. Ed. 13. Verlag Ulmer, Stuttgart 1982.
Encke, F.: *Kübelpflanzen. Geschichte, Herkunft, Pflege*. Verlag Ulmer, Stuttgart 1982.
Fast, G.: /red./: *Orchideenkultur*. Verlag Ulmer, Stuttgart 1980.
Graf, A. B.: *Pictorial Encyclopedie of Exotic Plants from Tropical and Near Tropic Regions*. Ed. 9 revid. /Exotica ser. 3/. Roehrs Company Inc., E. Rutherford 1978.
Haager, J.: *Zimmerpflanzen*. Verlag Dausien, Hanau, 2. A. 1986.
Haager, J. R.: *Miniaturní tropy*. Brio, Egem, Praha 1994.
Haager, J. R.: *Zelená zákoutí*. Brio, Egem, Praha 1994.
Haager, J. R.: *Sluneční zákoutí*. Brio, Egem, Praha 1994.
Hartlaub, H. et Wolfrath C.: *Spass und Freude mit Zimmerpflanzen*. Graz 1989.
Haustein, E.: *Der Kosmos-Kakteenführer*. Franckhsche Verlangsh. Stuttgart 1983.
Jacobsen, H.: *Das Sukkulentenlexikon* Ed. 2. Fischer Verlag, Jena 1981.
Kramer, J.: *Flowering Houseplants*. Salamander Books, London 1981.
Lamb, E. et Lamb. B.: *Popular exotic cacti in colour*. Blandford Press Ltd., London 1975.
Mareček F. /red./: *Zahradnický slovník naučný* 1 /A–C/. Praha 1994.
Přibyl, J.: *Zimmerpflanzen*. Artia, Praha 1987.
Rauh, W.: *Schöne Kakteen und andere Sukkulenten*. Ed. 2. Borntraeger Berlin-Stuttgart 1978.
Rauh, W.: *Die großartige Welt der Sukkulenten*. Ed. 2. Paul Parey, Berlin-Hamburg 1979.
Rauh, W.: *Bromelien*. Ed. 2. Ulmer Verlag, Stuttgart 1981.
Richter, W.: *Orchideen pflegen-vermehren-züchten*. Ed. 2. Neumann Verlag, Radebeul 1971.
Rowley, G. D.: *The Adenium and Pachypodium Handbook*. British Cactus and Succulent Society, Botley 1983.
Rücker, K.: *Die Pflanzen im Haus*. Verlag Ulmer, Stuttgart 1982.
Schubert, M. et Herwig, R.: *Wohnen mit Blumen*. Ed. 15 BLV, München 1982.
Squire, D. et McHoy, P. /red./: *The book of houseplants*. Octopus Books Limited, London 1978.
Šubík, R. et Kaplická, J.: *Kakteen und andere Sukkulenten*. Verlag Dausien, s.o., Hanau 1985.

REGISTER DER DEUTSCHSPRACHIGEN BLUMENNAMEN

Die normal gedruckten Ziffern beziehen sich auf die Nummern der Seiten, wobei die fetten auf den Haupttext hinweisen. Kursiv gedruckte Ziffern beziehen sich auf die Nummern der Illustrationen.

REGISTER DER LATEINISCHEN BLUMENNAMEN